SEJA DONA DOS SEUS LIMITES

TERRI COLE

SEJA DONA DOS SEUS LIMITES

TRADUZIDO POR NINA LUA

Título original: *Boundary Boss: The Essential Guide to Talk True, Be Seen, and (Finally) Live Free*

Copyright © 2021 por Terri Cole
Copyright da tradução © 2024 por GMT Editores Ltda.

Publicado mediante acordo com Sounds True, Inc.

Todos os direitos reservados. Nenhuma parte deste livro pode ser utilizada ou reproduzida sob quaisquer meios existentes sem autorização por escrito dos editores.

coordenação editorial: Alice Dias
produção editorial: Livia Cabrini
preparo de originais: Sibelle Pedral
revisão: Ana Grillo e Taís Monteiro
diagramação: Natali Nabekura
capa: Wayne Fick
adaptação de capa: Ana Paula Daudt Brandão
impressão e acabamento: Cromosete Gráfica e Editora Ltda.

CIP-BRASIL. CATALOGAÇÃO NA PUBLICAÇÃO
SINDICATO NACIONAL DOS EDITORES DE LIVROS, RJ

C658s

    Cole, Terri
        Seja dona dos seus limites / Terri Cole ; tradução Nina Lua. - 1. ed. - Rio de Janeiro : Sextante, 2024.
        240 p. ; 23 cm.

        Tradução de: Boundary boss
        ISBN 978-65-5564-875-1

        1. Assertividade em mulheres. 2. Autorrealização (Psicologia) em mulheres. I. Lua, Nina. II. Título.

24-88948   CDD: 155.33391
                      CDU: 159.947.5-055.2

Gabriela Faray Ferreira Lopes - Bibliotecária - CRB-7/6643

Todos os direitos reservados, no Brasil, por
GMT Editores Ltda.
Rua Voluntários da Pátria, 45 – 14º andar – Botafogo
22270-000 – Rio de Janeiro – RJ
Tel.: (21) 2538-4100
E-mail: atendimento@sextante.com.br
www.sextante.com.br

Em primeiro lugar, dedico esta obra às mulheres corajosas do mundo inteiro que estão comprometidas em criar relacionamentos saudáveis e vidas extraordinárias. Este livro é para vocês. Eu as enxergo e fico honrada de guiá-las nessa jornada transformadora.

Para meu amado, Victor Juhasz, cujo apoio incondicional, amor e habilidades culinárias tornaram possível a escrita deste livro.

Para minha mãe, Jan Cole, que sempre acreditou em mim.

Se não você, quem?

Se não agora, quando?

Sumário

Introdução	9
PARTE 1 Acertando os pontos com o passado	17
Capítulo 1: De Desastre em Limites a Dona dos meus Limites	19
Capítulo 2: Noções básicas de limites	36
Capítulo 3: A conexão de codependência	49
Capítulo 4: Dados corrompidos sobre limites	72
Capítulo 5: Indo mais fundo – Agora não é aquela época	93
PARTE 2 Criando o novo normal	109
Capítulo 6: Os 3Rs – Reconhecer-Repelir-Responder	111
Capítulo 7: Saem os limites reativos, entram os limites proativos	129
Capítulo 8: A coisa está ficando séria	152
Capítulo 9: Destruidores de Limites	170
Capítulo 10: Limites no mundo real (Cenários e roteiros)	189
Capítulo 11: Você, Dona dos seus Limites	204
Vá mais fundo	216
Agradecimentos	231
Notas	233

DECLARAÇÃO DOS SEUS DIREITOS

- Você tem o direito de dizer não (ou sim) para os outros sem se sentir culpada.

- Você tem o direito de cometer erros, corrigir o rumo ou mudar de ideia.

- Você tem o direito de lutar para que suas preferências, suas necessidades e seus desejos sejam atendidos.

- Você tem o direito de acolher e expressar todos os seus sentimentos, se assim escolher.

- Você tem o direito de dar sua opinião, mesmo que os outros discordem.

- Você tem o direito de ser tratada com respeito, consideração e cuidado.

- Você tem o direito de determinar quem tem o privilégio de fazer parte da sua vida.

- Você tem o direito de expressar seus limites e pontos inegociáveis.

- Você tem o direito de priorizar o autocuidado sem se sentir egoísta.

- Você tem o direito de falar a verdade, ser vista e viver livre.

Introdução

VOCÊ ÀS VEZES DIZ SIM quando tem vontade de dizer não?

Você coloca as necessidades e os desejos de outras pessoas acima dos seus?

Você muitas vezes sente que deveria estar se empenhando mais em todas as áreas da sua vida?

Você se envolve demais nas decisões, nos sentimentos e nos acontecimentos da vida das pessoas que ama?

Você resiste tanto a pedir ajuda que acaba fazendo a maioria das coisas sozinha?

Você respondeu sim a alguma dessas perguntas? Então deve ser uma dessas mulheres que se sacrificam pelos outros e estão totalmente exaustas. E veio ao lugar certo.

Limites pessoais saudáveis e bem definidos são cruciais para ter uma vida plena, empoderada e comandada por você mesma. Com base na minha experiência pessoal e profissional de 23 anos como terapeuta clínica, sei que isso é um fato. Todas as minhas pacientes – seja a millennial rica que trabalha como editora de revista, seja a mãe de 40 e poucos anos de classe média ou a CEO divorciada – têm queixas parecidas: um cônjuge infiel, um chefe autoritário, dinâmicas familiares disfuncionais e por aí vai. Mas, no cerne do sofrimento de todas elas está o mesmo problema: a falta de limites saudáveis. Felizmente, definir e impor bons limites alivia essa dor. E é totalmente possível aprender a fazer isso.

Se você não tem essa habilidade essencial, saiba que não está sozinha.

Como a maioria das mulheres, você provavelmente não aprendeu sobre limites saudáveis na escola ou em casa. Então, como saber o que ninguém ensinou?

Esperar que uma pessoa simplesmente *domine* a linguagem dos limites saudáveis, sem ter recebido qualquer instrução, é como pensar que você poderia se tornar fluente em mandarim ou russo contando apenas com a força do pensamento. Impossível. Pense neste livro como um curso intensivo de língua estrangeira: com estudo e prática, você com certeza pode se tornar fluente. Quando isso acontecer, sua vida vai florescer. Você ficará mais segura em seus relacionamentos e, em especial, na sua relação consigo mesma. Que, aliás, é a mais importante de todas.

Este livro é um guia para ajudar você a se tornar Dona dos seus Limites – ou seja, uma mulher que:

- tem uma compreensão profunda de si mesma, inclusive de como seus padrões de limites disfuncionais foram criados e como eles podem estar bloqueando o seu crescimento aqui e agora;

- sabe identificar e transformar qualquer obstáculo comportamental que surja entre ela, seus verdadeiros desejos – aqueles que vêm do coração – e a realização deles;

- fala com sinceridade, sabendo que esse é o *único* jeito de criar a vida que deseja e merece;

- se comprometeu com seu próprio crescimento, começando do ponto exato em que está agora.

(Observação: escrevi este livro tendo em mente mulheres cisgênero, mas acredito que qualquer pessoa pode se beneficiar das estratégias e do conteúdo. Afinal, problemas com limites estão presentes em todas as expressões de gênero.)

Para alinhar seu comportamento aos seus verdadeiros desejos, vamos passar um tempo organizando o que eu chamo de "porão" – em outras palavras, sua mente inconsciente. Seu porão abriga crenças e experiências que você armazenou e esqueceu na mesma hora (pelo menos conscientemente). O entulho do porão molda sua vida de formas que você nem imagina. Em geral, é possível notar a influência dele quando suas reações ficam exageradamente intensas ou muito desproporcionais à situação real. Depois que a situação tiver passado, você talvez pense: *Que diabo foi aquilo?* Talvez ignore sua intuição e os sinais do seu corpo em um esforço inconsciente para evitar o desconforto. Isso é da natureza humana. Se você estiver com dificuldades em uma situação atual, prometo que limpar o lixo do porão vai revelar informações importantes e abrir caminho rumo à liberdade.

É normal resistir a reviver experiências passadas. De início, muitas de minhas pacientes recusam minha sugestão para explorarmos o porão, dizendo coisas como:

"Faz tanto tempo! Eu já devia ter superado."
"Não quero culpar meus pais."
"Tive uma infância feliz!"

Se houvesse um jeito de ensinar você a estabelecer limites sem ter que escavar o porão, *com certeza* eu faria isso. (E, para deixar claro, nossa jornada não inclui culpar ninguém.) A boa notícia é que vou guiá-la o tempo todo, segurar sua mão e usar minha lanterna para iluminar o caminho. Você consegue, e eu estou aqui para apoiá-la.

Primeiro, vamos passar um tempo entendendo o que essa jornada exige – e por que essas coisas importam.

Estabelecer, expressar e manter limites saudáveis, vibrantes e flexíveis abre espaço para uma vida profundamente satisfatória. Sem limites definidos, é *impossível*. Isso mesmo, impossível. Tenho certeza disso.

Para aquelas que estão operando eternamente no piloto automático para dar conta de tudo ou afetadas pela "síndrome da boazinha", uma expressão cunhada pela renomada psicóloga e especialista em questões femininas Dra. Harriet Braiker, pode parecer uma má notícia. Sim, você vai ter que desacelerar e sair da sua zona de conforto para conhecer, expressar e proteger seu eu autêntico. (Levante a mão se você estiver pensando *Eu autêntico? O que é isso?*) Mas, à medida que for ganhando confiança para estabelecer limites e falar com sinceridade, você vai adquirir um conhecimento mais profundo do seu eu autêntico e passará a valorizá-lo (ele é incrível, por sinal). E o que você achava que era uma má notícia vai parecer uma oportunidade.

Muitas vezes, padrões prejudiciais de limites têm origem em uma confusão sobre o que é de fato *sua* responsabilidade e o que não é. Por exemplo, talvez você pense que resolver o mal-estar ou o conflito dos outros é problema seu, quando, na verdade, a experiência emocional e as questões deles devem, sem dúvida, ser solucionadas por *eles*. Este livro é sobre você e o *seu* ponto de vista.

Quando você tiver clareza sobre o que cabe a você, o processo de transformação se tornará muito mais acessível. A intenção e a prática são imprescindíveis para que essas técnicas funcionem. Para que as coisas mudem, é preciso estar disposta a tentar algo novo. O processo requer esforço, mas vale a pena. Com certeza sua habilidade de criar uma vida que lhe traga alegria e satisfaça o seu eu verdadeiro é impressionante. Com base no sucesso que obtive com inúmeras alunas e pacientes, não tenho dúvidas de que é possível no seu caso também.

Como vai funcionar

Na primeira parte do livro, vamos colher informações e fazer um inventário sincero de todas as áreas da sua vida, revelando experiências, influências e equívocos específicos que podem estar alimentando a sua dificuldade de impor limites. Vamos trazer à luz o seu **Mapa de Limites**, para ter clareza sobre as suas maneiras conscientes e inconscientes de se relacionar com os limites atualmente. Essas formas de relacionamento são influenciadas pelo que você aprendeu na infância e na adolescência, pelo modo como foi criada, pelo que observou na sua família de origem e pelas normas sociais da sua cultura. Muitas pessoas acham esse processo libertador. O comportamento aprendido não é culpa sua, mas desvendá-lo agora é sua responsabilidade. Com as ferramentas e orientações corretas, você terá o poder de reescrever seu mapa.

Na segunda parte, vamos praticar a fluência na linguagem dos limites e dar pequenos passos guiados pela sua nova consciência. As ferramentas, as estratégias e os roteiros podem ser adaptados de acordo com o seu estilo e nível de conforto. Você é única, assim como o jeito certo de se relacionar e expressar suas preferências a respeito de limites e pontos inegociáveis.

Também abordaremos o passo a passo para desenvolver seus **Planos Proativos de Limites**, isto é, as estratégias necessárias para passar de um comportamento reativo a proativo em relação aos limites. Vamos falar sobre como lidar com pessoas que tentam ultrapassar seus limites mesmo depois de você expressá-los com clareza, e discutir as situações em que as regras não se aplicam, especificamente na interação com pessoas que são **Destruidoras de Limites**, narcisistas ou donas de outras personalidades difíceis. Ao longo de toda a jornada, vou estar do seu lado, sendo sua guia empática e amorosa (e eficiente).

Como parte desse processo, você vai entrar em contato com a sua criança interior, aquela parte sua cujas necessidades não foram atendidas na infância. Quando ouvi pela primeira vez o conceito de "criança interior", antes de me tornar terapeuta, meu impulso foi desprezá-lo, achando que era um engodo. Parecia infantil, como um pensamento mágico. A verdade, porém, é que feridas da infância que não foram curadas têm um impacto negativo sobre nossos relacionamentos atuais. Com o tempo, vi que a criança interior de fato precisa de acolhimento (falo mais sobre isso no capítulo 8). Por enquanto, só peço a você que esteja aberta à ideia de que suas reações a situações atuais podem ser comandadas por, digamos, sua versão de 5 anos. Você deixaria uma criança de 5 anos tomar grandes decisões sobre seu casamento ou sua família? Permitiria que ela interferisse nas movimentações da sua carreira? Acho que não.

É aqui que precisamos ter compaixão por nós mesmas. Depois disso, e só depois disso, seremos capazes de ampliar nossa consciência a respeito de comportamentos disfuncionais. Vasculhar os cantos cheios de teias de aranha do porão para descobrir lembranças que talvez sejam desconfortáveis faz parte do processo, mas fique tranquila: o objetivo não é se prender ao passado. Se voltar o bastante na linha do tempo para ligar os pontos, você vai encontrar um incidente ou uma experiência que necessita de atenção. Identificar as feridas de origem leva a reconhecer, processar e acolher a vivência da criança interior. Entender suas experiências da infância pode ter impactos profundamente positivos na sua vida atual.

Para se lembrar de tratar a si mesma com compaixão, ensino uma estratégia (capítulo 6) que ajuda a *reconhecer* quando a criança dentro de você pode ser ativada. Dessa forma, você poderá *repelir* a reação antiga e escolher uma *resposta* que a sua versão adulta daria hoje, alinhada ao seu bem-estar. Chamamos isso de **3Rs (Reconhecer-Repelir-Responder)**.

Se você for como qualquer um dos milhares de pacientes e alunos que já tive, a natureza reveladora desse trabalho vai inspirar uma gama de emoções – esperança, exaustão, ansiedade e empolgação. Você talvez se sinta egoísta em alguns momentos, em especial na hora de mudar os acordos tácitos dos seus relacionamentos e priorizar seus próprios sentimentos. Para algumas pessoas, a ideia de mexer no vespeiro dos limites gera sensações de medo, culpa e vergonha. *Será que vou ser ridicularizada por aqueles que amo? Será que mudar as regras da relação de forma unilateral significa que estou rejeitando a outra pessoa?*

Durante a construção desse conjunto de habilidades, as transformações verdadeiras e sustentáveis acontecerão aos poucos, e não da noite para o dia. Você vai aprender a alterar comportamentos simplesmente dando os passos corretos, um após o outro. Há uma curva de aprendizado considerável entre a parte 1 (coletar informações) e a parte 2 (transformar essas informações em novos padrões e escolhas comportamentais). Portanto, paciência e autocompaixão são boas companheiras ao longo desse processo de se libertar de posturas e hábitos arraigados de autossabotagem.

Ao refletir sobre seus erros em relação a limites, você pode se sentir constrangida, arrependida ou envergonhada. Por favor, entenda que suas atitudes passadas não são um reflexo de quem você é – apenas do que sabia naquele momento. E este livro, bem como o seu processo de transformação pessoal, são uma zona livre de julgamentos. Você está fazendo uma coisa que a maioria das pessoas nunca fará. Além disso, você é humana. Se dê um desconto.

Por outro lado, você é a responsável pela elaboração do manual de instruções sobre si mesma. Esse manual é "lido" por todas as pessoas com quem se depara. Quando você se sente desrespeitada, desvalorizada ou ignorada, significa apenas que está na hora de reescrever seu manual, estabelecendo padrões mais altos para si mesma e para todo mundo.

Para prepará-la para essa jornada, sugiro que crie um ambiente seguro e aconchegante na sua casa, onde possa se concentrar no seu espaço interior.

Chamo esse ambiente sagrado de Recanto Zen. Seu Recanto Zen é o lugar perfeito para meditar, escrever um diário e fazer os exercícios de integração que comento a seguir.

Algumas dicas sobre como usar este livro

Seja qual for seu estilo de leitura, preciso avisar: este livro foi feito para ser lido na sequência que proponho. Por quê? Porque cada capítulo aprofunda o anterior.

Para ajudar você a aplicar o que está aprendendo, ofereço dicas, autoavaliações e exercícios ao longo de cada capítulo. São as mesmas ferramentas que uso com pacientes e alunos, essenciais para alcançar os resultados desejados:

Papo reto: Ao longo de todos os capítulos, reviso os conceitos cruciais para manter você no caminho certo.

Sua vez: Autoavaliações rápidas que ajudam você a personalizar as informações e aplicá-las imediatamente a suas experiências específicas.

Entre em ação: No final de cada capítulo, ensino duas formas principais de pôr seu novo conhecimento em prática. *Lembrete mental* sugere maneiras de ajudar você a expandir sua autoconsciência. *Vá mais fundo* oferece exercícios de integração (que continuam no fim do livro) para ajudar a criar mudanças sustentáveis. Não pule essas partes! De vez em quando, também sugiro algo para que você *Inspire-se*.

Meu conselho? Siga o seu ritmo, aproveite o que funciona a cada etapa e deixe o restante para lá. Quando as coisas começarem a complicar, desacelere, esfrie a cabeça e respire. Lembre-se das ferramentas que você está aprendendo e use-as. Dê a si mesma espaço e tempo e volte quando estiver pronta. Fazer esse trabalho interno pode desencadear sentimentos intensos. Preste atenção e ouça. Pergunte-se se você precisa:

- respirar fundo;

- dar uma caminhada;

- ligar para um amigo ou um profissional de saúde mental.

Sua saúde mental e sua segurança emocional são responsabilidade sua e precisam ser sempre prioridade. Então, ao longo da nossa jornada, *por favor, se cuide.*

Ainda que dominar os limites possa levar tempo, aprender como estabelecê-los e impô-los não é demorado. Se você se mantiver no caminho certo, terá as ferramentas e o conhecimento para fazer isso até o fim do livro. Terá eliminado sistematicamente informações corrompidas que vêm afetando seus comportamentos em relação a limites. Terá transformado seus padrões de pensamento limitantes em crenças e ações empoderadas e conscientes. Terá pavimentado a estrada para mudanças positivas e duradouras que trarão mais satisfação, confiança e paz a todos os seus relacionamentos. E elas estarão ancoradas no que você realmente deseja, e não no que esperam de você. O autoconhecimento conquistado terá uma influência poderosa sobre o restante da sua vida. Prometo que, se fizer o que precisa ser feito, você vai ver e sentir os resultados positivos.

Considere este livro um presente amoroso do meu coração para o seu. Há mais de 20 anos eu observo esse processo transformando vidas e favorecendo a implementação de limites saudáveis. Vejo resultados tangíveis todo dia, na minha própria vida e na vida das minhas pacientes. Já guiei milhares de mulheres do mundo inteiro no processo de tomar as rédeas da própria vida. Guiar você a uma existência única e empoderada que só você pode viver é a missão que escolhi.

Pronta para mergulhar de cabeça?

Vamos nessa!

PARTE 1

Acertando os pontos com o passado

CAPÍTULO 1

De Desastre em Limites a Dona dos meus Limites

DOS 20 AOS 30 ANOS, fui madrinha de casamento oito vezes. *Oito.*
    Devia ter recusado educadamente pelo menos metade daquelas experiências em que tive que usar vestidos horrorosos, mas não sabia como dizer não. Ou "Sem chance", ou até "Adoraria celebrar seu amor verdadeiro e tal, mas tenho que resolver uma situação urgente" (tipo catar as últimas moedas do cofrinho para pagar a passagem de metrô, porque eu era uma jovem de 22 anos sem dinheiro nenhum tentando me sustentar em Nova York). De que jeito eu conseguiria bancar os custos de ser madrinha de casamento de umas garotas que conheci quando era garçonete, tanto tempo antes? Na verdade, meu medo de decepcionar as noivas era muito maior que a realidade do meu extrato bancário. Eu não queria ser vista como grossa, insensível ou, pior ainda, como alguém que não era "legal". Dizer não equivaleria a rejeitar o privilégio de ser escolhida. Quem era eu para fazer um absurdo desses?
    Esse medo me levou a desembolsar milhares de dólares que eu não tinha para participar de rituais com pessoas que não teriam entrado nem na lista de convidados para a inauguração da minha casa (isto é, se eu tivesse uma casa). É claro que eu me sentia sobrecarregada e ressentida. Essas emoções secretas vinham à tona em despedidas de solteira, jantares de noivado ou toda vez que eu via os vestidos azul-petróleo de manga bufante típicos dos anos 1980 no fundo do meu armário – com certeza eu *nunca mais* ia usar nenhum deles. E tudo isso para quê? Em nome da "honra" de não falar a verdade. Em retrospecto, só consigo dizer "Que ridículo".

Meu estado perpétuo de madrinha era sintomático de um problema maior que afeta milhões de mulheres: a falta de limites saudáveis. A dificuldade de estabelecer, impor e comunicar limites é praticamente uma epidemia. Leva a relacionamentos conflituosos e desequilibrados, falta de controle sobre nosso próprio tempo e mal-estar generalizado. Você por acaso tem energia para isso? Não, não tem.

No caso dos meus limites desajustados (e provavelmente no dos seus), o medo de decepcionar os outros atrapalhava meu bom senso. Eu *poderia* ter feito outras escolhas. *Poderia* ter definido parâmetros sobre como gastar meu tempo e meu dinheiro. *Poderia* ter dito "Não, obrigada. Esse vestido é horrível e seu noivo também" (ele deu em cima de mim na festa de noivado!). Digamos apenas que eu tinha muitas opções, mas havia um obstáculo gigantesco me impedindo de exercer meus limites: o fato de eu nem saber que tinha escolha.

Em qualquer fase da sua vida, você *tem* escolha.

Atuei como terapeuta nos últimos 20 anos, tratando principalmente pacientes mulheres que sofriam com problemas relacionados a limites. Erráticos, muito flexíveis ou muito rígidos, os limites delas estavam *bagunçados* de alguma forma. Algumas clientes eram tão independentes e autossuficientes que nunca pediam ajuda nem permitiam que os outros as auxiliassem em qualquer coisa. Não deixavam que carregadores levassem sua mala ou funcionários do supermercado embalassem as compras (coisas que são, literalmente, o *trabalho* deles). "Pode deixar que eu faço, obrigada", diziam elas. Outras sofriam com uma necessidade compulsiva de agradar às pessoas próximas, sacrificando o próprio bem-estar. Ou se esforçavam além da conta para não desagradar ninguém (mesmo gente de que nem gostam). Isso pode acontecer quando dizemos sim mesmo querendo dizer não – por exemplo, quando concordamos em participar da corrida beneficente de pais e professores (de novo), ainda que, naquele momento, estejamos atoladas no trabalho e em compromissos pessoais.

Ou talvez você convide o primo alcoólatra para sua festa de aniversário mesmo sabendo que vai acabar mal. Por minha formação profissional e meu histórico pessoal, entendo que o *não* parece uma palavra bem simples de falar. No entanto, para muitas pessoas, pode também ser a mais difícil.

SUA VEZ:
Como você se relaciona com os limites?

Listei alguns problemas comuns com limites. Você se enxerga em algum deles?

- Você diz sim a convites mesmo quando sua intuição quer dizer "Não, obrigada"? "Sim, vou comparecer *(mesmo que isso signifique fazer algo que me desagrada profundamente). Parece ótimo, mal posso esperar!"*

- Você se põe em situações inconvenientes para agradar outras pessoas? "Claro, tomo conta do seu gato por uma semana porque você não quer pagar um profissional!" *(Mesmo que isso acrescente uma hora ao meu trajeto para o trabalho e o seu gato me odeie. Tudo bem, talvez o ódio seja mútuo.)*

- Quando fica incomodada com o comportamento de um amigo, você escapa de uma conversa difícil evitando a pessoa? "Ah, eu queria muito ver você, mas estou ocupadíssima no trabalho!" *(Mesmo que a minha agenda esteja totalmente livre para meus amigos sem drama.)*

- Você recorre a expressões passivo-agressivas de raiva em vez de exprimir seus sentimentos com calma e clareza? "O que for melhor para você. Mudei meus planos com base no que você tinha falado, mas sem problemas! ☺"

- Você é tão autossuficiente que faz tudo sozinha? "Eu dou conta!" *(Mesmo que eu esteja exausta, amargurada e, neste exato momento, repassando uma lista mental de quem deveria me ajudar para retribuir minha generosidade no passado.)*

> Se você se reconhece em algum desses exemplos de limites prejudiciais, saiba que não está sozinha. Por enquanto, estamos reunindo informações sobre a sua forma específica de se relacionar com os limites. Isso vai indicar onde concentrar seus esforços.

Independentemente da quantidade de mensagens motivadoras que vemos nas redes sociais, como "*Não* é uma frase completa!" ou "Você consegue, mulher!", a verdade é que conhecer e expressar nosso eu verdadeiro é muito mais complexo quando limites ruins são nosso padrão histórico.

Limites ruins são exaustivos. Criam dramas que drenam o tempo e a energia. Como você já deve saber, é preciso muito esforço para viver apagando incêndios na vida pessoal. Quando nos vemos presas a nossos limites ruins, porém, é comum não percebermos que somos nós que estamos causando esses incêndios sem querer. Para pôr fim a essas interrupções que tiram nosso foco, teremos que revisitar nossas influências mais antigas – a cena do crime, por assim dizer –, onde as feridas e o aprendizado de origem ocorreram.

Para ilustrar o conceito de como feridas de origem produzem limites nada saudáveis e conflitos que nós mesmas criamos, vamos fazer um passeio pela memória. Vou contar como passei de Desastre em Limites para Quase Desastre em Limites e, enfim, me tornei Dona dos meus Limites. Espero que você reconheça vislumbres da própria vida na minha história e confie que também pode chegar lá, do seu jeito.

Observando e aprendendo

Quando eu era pequena, aprendi tudo sobre limites desajustados e comunicação ineficaz com duas pessoas que não tinham quase nenhuma experiência de vida antes de começarem a criar as filhas. Minha mãe tinha 19 anos e havia começado a faculdade três meses antes de engravidar da minha irmã mais velha. Ela parou de estudar e se casou com meu pai numa salinha nos fundos de uma igreja presbiteriana em Glens Falls, no estado de Nova York. Nos seis anos seguintes, os dois teriam mais três filhas. Sou a mais nova.

Enquanto crescíamos nos arredores de Nova Jersey, meus pais desempenhavam papéis tradicionais. Meu pai era o provedor. Trabalhava como gerente em um escritório, jogava golfe nos fins de semana, bebia muito (pense em um nível de consumo de martínis tipo *Mad Men*) e esperava que o jantar estivesse na mesa quando chegava em casa. Minha mãe era uma dona de casa amorosa, gentil e protetora, que criou as filhas e conheceu todos os nossos amigos. Meu pai ganhava o dinheiro e minha mãe lidava com todo o resto, o que incluía administrar a casa e se responsabilizar pelo nosso bem-estar.

Nossa família, assim como muitas outras, era um celeiro de comunicação velada e disfunção emocional. Meus pais vinham de lares que evitavam discussões francas sobre qualquer assunto doloroso ou problemático. E esse é o cerne da questão: habilidades ineficientes de comunicação levam a fraqueza ou desequilíbrio em relação aos limites.

Apesar de meu pai não ser violento ou abusivo, todas nós tínhamos medo da reprovação dele. Minha mãe tomava cuidado para não o desagradar. Minhas irmãs e eu só ouvíamos a voz grave e potente dele se houvesse um problema. Ao todo, é provável que eu tenha trocado menos de 100 palavras com meu pai até ele se divorciar da minha mãe, quando eu tinha 13 anos.

Em geral, a falta de comunicação dele se traduzia em indisponibilidade emocional. Mesmo quando estava em casa, ele não convivia com a gente. "Oi, fãs de esportes!" queria dizer na verdade *Vou tomar posse da TV para ver o jogo agora*. Mesmo que minhas irmãs e eu estivéssemos absortas nos últimos cinco minutos de *Grease*, bastava ouvir meu pai dizer "fãs de esporte" para dar a única resposta aceitável. "Sem problema. Tchaaaau!" Nenhuma de nós *gostava* do fato de não podermos ver o fim do nosso filme, mas agíamos como se não ligássemos. Falar a verdade não era uma opção.

Muitas vezes, as regras familiares mais poderosas são aquelas que nunca ficam explícitas. Por exemplo, na minha família, era muito claro que meus pais tinham um acordo tácito sobre o papel de cada um: ele era o provedor, ela era a cuidadora e gestora do lar. No entanto, talvez o pacto silencioso mais significativo da nossa casa fosse o de evitar expressar raiva diretamente. Eu sabia que minha mãe, apesar de parecer sempre alegre, tinha medo de entrar em conflito com meu pai, assim como sabia de um jeito instintivo que a raiva era um tabu.

Os humanos, até os pequenos, são programados para minimizar a exposição ao que percebem como perigo. Meu treinamento na infância me ensinou a ler as pessoas e examinar as situações automaticamente para avaliar o nível de ameaça e evitar conflitos. Assim como minhas irmãs, eu não expressava meus verdadeiros sentimentos. Mas as emoções não desaparecem em um passe de mágica só porque são inconvenientes ou inaceitáveis no nosso sistema familiar. Elas vão para baixo do tapete. E isso não é bom.

Na nossa casa, quatro garotas adolescentes expressavam a raiva reprimida batendo portas, xingando e – quando meus pais saíam – às vezes resolvendo no tapa. Minhas irmãs mais velhas também liberavam a raiva (e os sentimentos ocultos de todo o sistema familiar) de maneira dramática, ainda que indireta, fugindo de casa, namorando com caras que não prestavam, usando drogas e bebendo. Nessas situações, observar a desaprovação do meu pai e a angústia da minha mãe me marcou. Prometi a mim mesma que nunca causaria aquilo. Não que eu não tenha feito a maior parte dessas coisas. Fiz, sim. Só tomei cuidado para nunca ser pega no flagra.

A consequência é que aprendi a enterrar meus verdadeiros sentimentos, transformando-os em emoções mais aceitáveis (a raiva se tornava tristeza, por exemplo) e ignorando minha intuição. Essa estratégia me manteve a salvo da desaprovação e aliviou meu medo primitivo de ser expulsa do clã se ousasse desobedecer às regras tácitas. Quando saí de casa para fazer faculdade, eu só conhecia meu estilo de comunicação insalubre, meus limites desajustados e minhas técnicas questionáveis para lidar com as emoções. Era um completo desastre em estabelecer limites.

> ## SUA VEZ:
> ## Quais eram seus sentimentos proibidos?
>
> Assinale as emoções que eram desestimuladas, punidas ou proibidas na sua infância.
>
> - Felicidade: alegria, satisfação, sensação de bem-estar
>
> - Tristeza: decepção, desamparo, desinteresse
>
> - Medo: insegurança, ansiedade (com a reação de luta-fuga-congelamento ativada)
>
> - Aversão: repulsa, reprovação, rejeição
>
> - Raiva: hostilidade, agitação, frustração
>
> Para se tornar uma mulher com limites claros, você precisa se permitir sentir *todos* os seus sentimentos. O primeiro passo é tomar consciência daqueles que você preferiria não vivenciar.

Sozinha

Na fase adulta, meus padrões de limites nada saudáveis continuaram. Virei especialista em comunicação indireta, sendo sarcástica, revirando os olhos e contando uma ou outra mentira hostil, como "Já disse que está *tudo bem!*" (se identificou?). Também fiquei boa em manipulação oculta: as pessoas que eu manipulava (em geral, meus namorados) nunca percebiam que eu tinha objetivos secretos por trás da minha fachada de "está tudo ótimo". A manipulação oculta garantia que eu obtivesse aprovação, evitasse confrontos e os mantivesse felizes. Enquanto isso, eu fazia o que queria por baixo do pano, como encontrar com paixões antigas ou ir a festas na cidade com minhas irmãs (e eu também me "esquecia" de contar essas coisas). Procurar controlar os outros e as situações era uma tentativa de me sentir segura. Essa estratégia funcionou por um tempo. Não é coincidência que, depois de passar a infância inteira com dificuldade de me expressar de forma autêntica, eu tenha ido parar na terapia durante a faculdade – e continuei fazendo terapia nos 30 anos seguintes.

PAPO RETO *Habilidades ineficazes de comunicação levam a fraqueza ou desequilíbrio em relação aos limites.*

Eu nunca tinha ouvido o termo *limites* quando entrei na terapia. Mal sabia que minha dificuldade em estabelecê-los estava afetando todas as áreas da minha vida, inclusive a forma como eu socializava e me comunicava. Como a faculdade é uma fase em que até quem não é alcoólatra bebe como se fosse, no quarto ano eu já tinha passado por várias experiências de vomitar de tanto beber, ficar inconsciente ou ter apagões de memória. O exemplo vinha do meu pai, que consumia álcool em excesso, uma conduta que minhas irmãs mais velhas, festeiras e descontroladas, haviam seguido. Comecei a beber com elas aos 14 anos. Quando fui para a faculdade, achei que meu comportamento sob efeito da bebida era normal. Já minha terapeuta, Bev, não concordava.

Depois de várias semanas em que mencionei de modo descontraído minhas façanhas movidas a álcool, Bev lançou uma bomba. "Se você não procurar ajuda e entrar em um programa de 12 passos para tratar do seu alcoolismo, vou precisar encerrar nossa relação", disse. *Espera aí, o quê?* Minha terapeuta estava terminando comigo?

Fiquei perplexa com o ultimato, mas o que mais me surpreendeu foi minha reação visceral à ideia de buscar ajuda: foi como liberar toda a tensão acumulada. Fiquei aliviada. *Tão* aliviada. No fundo, bem antes que minha mente assimilasse essa ideia, meu corpo já sabia que eu teria que largar a cerveja long neck de vez (não me julgue! Eu estava na faculdade). Meu comportamento de autossabotagem não cessaria enquanto eu continuasse tentando afogar meus sentimentos de raiva, tristeza e medo no álcool. Faltando três meses para me formar, parei de beber.

Bem acordada

Ficar sóbria abriu meus olhos para o conceito de limites internos saudáveis. Limites internos têm a ver com regular sua relação consigo mesma. Por exemplo, você ouve suas próprias necessidades primeiro? Responsabiliza-se pelo seu comportamento? Pela primeira vez na vida, analisei de verdade como me relacionava comigo mesma. Até então, eu não sabia nem que *existia* esse tipo de relação.

Também não percebia que, para criar limites saudáveis em qualquer outro relacionamento, eu precisava ser uma especialista nos meus próprios limites internos. Agora que o álcool não estava mais embaçando minha visão, comecei a me fazer perguntas difíceis, como:

- Eu cumpro com minha palavra e com os compromissos que estabeleço comigo mesma? (Não muito.)

- Eu cumpro com o que digo às pessoas e faço o que digo que vou fazer? (Nem sempre.)

- Como estão minha autodisciplina, minha gestão de tempo, meu controle de impulsos e minha autorregulação emocional? (Precisam melhorar.)

Eu tinha 22 anos e muito trabalho pela frente, mas enxergava com clareza pela primeira vez na vida. A terapia tinha inspirado a epifania mais profunda que já havia tido até então: independentemente das cartas que tinha recebido nesta vida, eu podia não apenas pedir uma nova mão, como também criar um jogo novo em folha.

Essa percepção alimentou minha imaginação e minha transformação.

Decidida a me conhecer mais e melhorar como pessoa, continuei o tratamento com minha primeira terapeuta, Bev, por anos depois de me formar. Toda segunda-feira à noite, sem falta, pegava o trem saindo da Penn Station, em Nova York, até a cidadezinha dela em Long Island, voltando para meu apartamento lá pela meia-noite. Aquele esforço semanal refletia minha crença de que, se eu seguisse no caminho da autodescoberta e da cura, minha vida continuaria melhorando. Sim! Eu podia *escolher* levar a vida de uma forma mais empoderada. Ainda assim, tinha muito chão pela frente até descobrir exatamente o que isso significava no dia a dia.

Ilusionismo

Aos 25 anos, meu primeiro emprego na minha área de formação foi no mundo do entretenimento, agitado, glamouroso e cheio de limites borrados. Trabalhava como agente de talentos. As regras corporativas tradicionais não existiam ali. Socializar e ir a festas depois do expediente com diretores de elenco e clientes fazia parte do trabalho, embaralhando as fronteiras entre os campos pessoal e profissional. Apesar de estar sóbria e fazendo terapia, continuava um Quase Desastre em Limites.

Ainda assim, batalhei para fortalecer minhas habilidades precárias em estabelecer limites. "Não, você não pode me ligar às três da manhã porque alguém se esqueceu de colocar água com gás no seu camarim." Eu estava começando a compreender que, na verdade, podia escolher como permitiria que as pessoas me tratassem, tanto no trabalho quanto na vida pessoal.

O fato de minhas habilidades em impor limites ainda estarem evoluindo não me impediu de alcançar minhas ambições. Devagar e sempre, fui subindo na carreira e, cinco anos depois, acabei comandando a operação em Nova York de uma agência de talentos que atuava nas costas leste e oeste dos Estados Unidos. Negociava contratos de cinco e seis dígitos para modelos e celebridades. Incrível, né? Bem, nem tanto.

A realidade por trás do meu cargo chique era dolorosa. Eu tinha me tornado uma pessoa estressada, viciada em trabalho, que jantava iogurte e acendia um cigarro toda vez que surgia uma confusão (praticamente o tempo inteiro). Além de administrar a vida profissional dos meus clientes, eu me envolvia nos dramas pessoais deles. Também me sentia responsável por resolver a vida dos meus subordinados, amigos próximos e da minha família. De modo inconsciente, acreditava que devia carregar os problemas deles nas minhas costas já sobrecarregadas. Era a terapeuta não oficial de todo mundo, inclusive do carteiro, que me contava seus dramas pessoais. Enquanto isso, eu estava um caco – um caco que dava conta de tudo.

Cheguei ao fim da linha quando constatei que, para mim, era muito mais importante pôr as modelos em clínicas de reabilitação, na terapia e em tratamentos para transtornos alimentares do que conseguir um contrato lucrativo com a Pantene ou um papel em um filme para elas. Eu havia passado a valorizar as pessoas acima do lucro. Precisava de uma mudança profissional drástica.

Na tentativa de alinhar minha carreira àquele eu autêntico que estava vindo à tona, me inscrevi no programa de mestrado em serviço social da Universidade de Nova York. Mas não tinha dinheiro suficiente para largar meu emprego. Mesmo estudando em tempo integral, continuei à frente do departamento de televisão da agência de modelos Elite de forma remota e dando aulas de teatro como professora adjunta da Tisch School of Arts na Universidade de Nova York. Equilibrar o mestrado e dois empregos exigiu que eu usasse o tempo inteiro minhas habilidades com limites, que ainda estavam se desenvolvendo.

Para obter sucesso como professora, precisava ser muito clara em relação às regras da minha sala de aula (expressar limites/expectativas) e as impor (não era permitido tentar agradar os outros). O mestrado exigiu que eu aperfeiçoasse ainda mais os limites internos que tinham vindo à tona na minha jornada rumo à sobriedade (cumprir as promessas que fazia a mim mesma). Isso significava ficar atenta a minhas necessidades, minhas preferências e meus desejos, priorizá-los e fazer o que fosse preciso para ter sucesso (seguir meu cronograma, dizer não a convites, não deixar tudo de lado para ajudar qualquer amigo ou parente em crise).

Ter limites mais firmes também significava que eu precisava delegar na agência. Essa parte era especialmente difícil para uma controladora em recuperação.

PAPO RETO *Ao mudar seu comportamento a respeito dos limites, você percebe que tem à sua disposição mais escolhas do que pensava até hoje.*

Quando terminei o mestrado, dois anos depois, me senti realizada em muitos aspectos, em especial em relação ao meu recém-descoberto discernimento sobre limites. Aos 33 anos, eu estava muito orgulhosa por ter chegado tão longe quando se tratava de estabelecer limites e me comunicar com os outros. Eu não fazia ideia de que a vida estava prestes a me apresentar meu maior desafio nessa área.

Reviravolta

No momento em que eu embarcava em um novo capítulo da minha vida, o universo me deu uma rasteira que me fez repensar tudo: a morte repentina do meu pai e, pouco depois, um diagnóstico de câncer que me levou a fazer duas grandes cirurgias e radioterapia. Tudo isso no espaço de um ano.

O golpe duplo de perder meu pai e encarar minha própria mortalidade com 30 e poucos anos desencadeou um grande acerto de contas com o universo.

Apesar dos meus anos de terapia, eu ainda tinha problemas com a codependência ativa, um hábito muito arraigado de assumir os problemas dos outros como se fossem meus, o que era com certeza resultado de limites desajustados que ainda persistiam. Eu tinha aprendido a dizer "não, obrigada" para certos convites (como ser madrinha de casamento), mas não havia examinado a fundo a experiência interna de colocar as necessidades dos outros sempre acima das minhas.

O estresse crônico e os anos em que minha vida tinha girado em torno de outras pessoas enfim cobraram seu preço. Eu precisava de espaço para respirar. Para conseguir esse espaço, precisei mergulhar no que me levou a me sentir responsável por tudo e todos. Lembro que, enquanto esperava o médico que viria dar meu diagnóstico, pensei: *Ainda tenho tanta coisa para aprender e fazer. Espero muito ter tempo para isso.*

Foi aí que se acendeu uma luz metafórica. Sim, na teoria eu entendia que tinha *escolhas* em relação a como apoiar os outros e a mim mesma, mas precisava exercitar essas escolhas com mais consciência. Era indispensável. Essa epifania foi o empurrão necessário para que eu dominasse meus limites. Hoje, considero esse período entre a mudança de carreira e a remissão do câncer como meu Treinamento Intensivo em Limites. Passei por todos os estágios do desenvolvimento de limites – uma nova autoconsciência, seguida de autoconhecimento, autoaceitação e autocompaixão – até me tornar alguém com limites claros e definidos em menos de uma década.

Minha jornada pessoal alimentou meu desejo profundo de diminuir o sofrimento dos outros, mostrar que eles têm outras opções e ensiná-los a fazer essas escolhas de um jeito tranquilo e elegante. Por experiência própria, sei como a estrada para o bem-estar emocional pode ser delicada, longa e, às vezes, sinuosa. Cada curva leva a mais autocompreensão, o que gera limites melhores. É por isso que gosto tanto de ensinar essa linguagem com um poder de transformação tão singular. O sangue, o suor e as lágrimas – e os anos – que gastei para me libertar impulsionam meu desejo de oferecer a *você* a rota mais direta e eficiente rumo à fluência em limites. Como escreveu Richard Bach: "Você ensina melhor aquilo que mais precisa aprender."

A maioria das mulheres, assim como minha versão mais jovem, não percebe nem a raiz da sua infelicidade, quanto mais como gerar mudanças. A consciência é sempre o primeiro passo. Afinal, não podemos curar o que não percebemos. É por isso que estamos aqui.

PAPO RETO *Sejam quais forem seus padrões atuais, você é capaz de aprender como estabelecer limites saudáveis e vibrantes.*

Sua vez

O que vem agora é uma espécie de reset da vida, para posicionar você no caminho da verdadeira realização. Em outras palavras, é sua vez. É sua vez de evoluir de Desastre em Limites (se você for um) a Dona dos seus Limites. E sei que você consegue, porque já testemunhei muitas transformações. Vi uma pessoa viciada em agradar que passou a tomar decisões com discernimento. Vi uma mulher exausta por se dedicar demais aos outros dizer não com facilidade e cortesia, e assim por diante. No meu caso, deixei de tentar ser tudo para todo mundo e passei a concentrar meu tempo, minha energia e meus esforços em mim mesma e naqueles que são alta prioridade na minha vida. Com minhas cicatrizes à mostra e minha experiência clínica extensa, criei um passo a passo, com resultados comprovados, para ajudar você a reestruturar as *suas* habilidades com limites. É a sua hora de brilhar.

Você leu minha história e entendeu que essa jornada exige um trabalho emocional pesado. Então, se a sua rotina de autocuidado precisar de melhorias, comece agora. Quando digo *autocuidado*, não estou falando de planejar um dia de spa ou ir à manicure. Estou falando de oferecer a você mesma bastante espaço e apoio. Por exemplo, em vez de se esforçar para comparecer a um evento ao qual prefere não ir, peça desculpa, coloque o celular no silencioso e simplesmente descanse. Experimente diferentes receitas de banho relaxante. Movimente o corpo de formas revigorantes e que tragam bem-estar, como uma ioga leve ou um alongamento. Menos tempo de tela, mais tempo para você. Fique imóvel e em silêncio. Você tem um bumbum e um sofá – *voilà!* Você é capaz de meditar. Juntas, vamos passar de um *modus operandi* de *fazer* para um *modus operandi* de *ser*. (No final deste capítulo, você vai criar o seu Recanto Zen, um espaço seguro e sagrado para o autocuidado.)

Outro alerta: se você tem tendência ao perfeccionismo, esqueça essa abordagem aqui. Não force a barra. Não vamos riscar itens de uma lista de tarefas ou resolver relacionamentos disfuncionais em um único capítulo, porque se trata de um *processo*. Por outro lado, se você costuma se sentir sobrecarregada ou paralisada quando tenta algo novo, ficará feliz em saber que as instruções a seguir são simples e as mudanças, pequenas. Isso vai ajudar a manter as coisas em um nível administrável.

Você também não precisa sair por aí dizendo que a nova poderosa dos limites chegou. Não pegue um megafone e grite: "Ei, *todo mundo*, a gente precisa conversar." Nada disso.

Entendo a tentação de ir até o rapaz da contabilidade e dizer que você não vai mais aturar os comentários desagradáveis dele sobre a sua aparência. Sei que você quer esclarecer as coisas. Mas ter conversas difíceis antes de estar totalmente equipada não é a fórmula do sucesso. Mudar padrões muito arraigados e crenças limitantes leva um tempo. Quando de fato compreender por que teve tanta dificuldade de ajustar seu comportamento e impor limites melhores até hoje, aí sim você pode ir falar com ele. Confie em mim: ele e as idiotices dele ainda vão estar lá quando você estiver pronta.

PAPO RETO *Não existe uma estratégia que sirva para todos quando tratamos de limites. Você é única e, portanto, o jeito certo para você expressar suas preferências de limites e seus pontos inegociáveis também é.*

À medida que começar a mudar seus limites disfuncionais, você terá mais tempo para seus verdadeiros pensamentos, sentimentos e desejos. Ao longo do caminho, é provável que esbarre no mito de que *ser legal* significa, por exemplo, pegar a roupa da sua irmã na lavanderia ou tomar conta dos filhos dela para que ela possa entregar um projeto no prazo, mesmo que você preferisse ir à aula de ioga, ler um livro ou terminar o seu próprio projeto. Ser legal também não significa não contar ao seu parceiro que, na verdade, você não quer passar todos os fins de semana com a família dominadora/adorável/psicótica dele. Ou não ir ao supermercado porque você está muito ocupada pensando no que dizer à sua melhor amiga que acabou de ser demitida (e que, por sinal, não pediu sua apresentação de PowerPoint sobre como salvar a carreira dela). Ou evitar o conflito que possivelmente virá à tona se disser a uma colega bem-intencionada que simplesmente não quer os conselhos dela.

PAPO RETO *É você quem escreve o manual de instruções sobre como deve tratar a si mesma (limites internos) e como os outros devem tratá-la (limites externos).*

Neste exato momento, você talvez esteja pensando: *O que tem de errado em ser legal?*

Sendo bem direta: toda vez que escolhe ser falsamente legal em vez de verdadeira, você monta o cenário para experiências insatisfatórias, ressentimentos e a frustração de não ser vista de forma autêntica. Pense nisto: é "legal" mesmo mentir para as pessoas que você ama e respeita ao dizer sim quando quer dizer não? Não. Isso só dá a elas informações falsas e faz com que situações assim se repitam.

Criar e manter limites saudáveis é uma arte transformadora. O principal combustível dessa transformação são seus *verdadeiros* sentimentos. Podemos dizer a nós mesmas que poupar os outros é uma forma de gentileza, mas essa é só uma parte da história. A motivação para esses gestos quase desonestos costuma ser o medo, e não o amor, um conceito em que vamos nos aprofundar no capítulo 3. A pretexto de sermos atenciosas, podemos acabar nos dedicando demais, fazendo coisas demais e nos esforçando demais. Ou recusando com firmeza toda e qualquer ajuda para não incomodar ninguém. As duas coisas fazem com que nos sintamos menos, e não mais, amadas.

Falar de maneira direta e sincera traz dois benefícios: você passa a ser vista e abre espaço para que todas as pessoas à sua volta também sejam vistas. Oferece ao mundo sua autenticidade, algo que só você tem.

Limites saudáveis são generosos *e* eficazes. Quando você os impuser, ficará impressionada com o tempo, a energia e o espaço que tem para outras atividades mais produtivas, como dançar zumba, aprender cerâmica ou estudar física quântica. Livrar-se do autoabandono, da falsidade, da negação e do ressentimento permite que você crie uma vida baseada na alegria, na liberdade e na verdadeira intimidade. É sério: depois que você abre os olhos, a escolha parece óbvia – além de melhor para todo mundo.

Em muitos sentidos, é como se eu já a conhecesse, porque eu *era* você. Confie em mim: a sua localização no percurso e o seu nível de conhecimento não importam. Você está no lugar perfeito para começar agora mesmo. Como escreveu Marianne Williamson: "Não é tarde demais. Você não está velha demais. Você está no momento certo. E é melhor do que imagina."

ENTRE EM AÇÃO

No final de cada capítulo, vou passar exercícios para que você construa aos poucos o alicerce das suas habilidades em estabelecer limites. Todos os novos pensamentos e ações são significativos, mesmo que sejam pequenos.

1. **Lembrete mental.** Preste atenção aos seus sentimentos. Conforme as emoções forem surgindo, pare e dê nome a elas. Tenha consciência de que emoções *proibidas* da infância podem ser mais difíceis de identificar e talvez pareçam outra coisa mais aceitável. Por exemplo, minha raiva proibida se disfarçava de tristeza. Use sua consciência para reconhecer e nomear suas verdadeiras emoções. E então as acolha.

2. **Vá mais fundo: crie seu próprio Recanto Zen.** Seu primeiro exercício é preparar o cantinho sagrado que você vai usar durante a nossa jornada (e depois dela) para meditar, descansar, escrever no seu diário e completar seus exercícios de integração. Este é o seu primeiro ato de autocuidado, o que também vai ajudá-la a se comprometer com o processo. Na seção "Vá mais fundo" na página 216 você obtém instruções passo a passo.

3. **Inspire-se: comece a meditar.** A meditação aumenta a consciência e fortalece a capacidade de estar no momento presente. Veja a seção "Vá mais fundo" na página 217 e conheça uma meditação simples para dar o pontapé inicial.

CAPÍTULO 2

Noções básicas de limites

ANOS ATRÁS, EM UM DIA ENSOLARADO DE PRIMAVERA, minha amiga Jules e eu estávamos almoçando juntas para botar a conversa em dia. Falávamos sobre como tínhamos sido criadas, filosofando sobre os motivos pelos quais tomamos certas decisões na vida. Enquanto contava como fora crescer com seis irmãos, Jules disse, com toda a naturalidade:

– A gente tinha uma cesta na pia do banheiro onde ficavam todas as escovas de dentes.

Fiquei incrédula.

– Como você sabia qual escova era a sua? – perguntei.

– Não sabia – respondeu ela, dando de ombros. – A gente usava qualquer uma que não estivesse molhada.

Peraí. O quê?

Eu sabia que Jules tinha crescido em uma família caótica, atormentada pelo vício, pela pobreza e pelo abuso. Como terapeuta, já ouvi de tudo. Mas algo a respeito de não ter a própria escova de dentes me deixou boquiaberta. O fato de que Jules não achava isso grande coisa também era revelador. Ela nem sabia que tinha o direito de ter a própria *escova de dentes*.

Isso não significava que ela não queria uma. Jules usou parte do salário do primeiro emprego que teve, aos 13 anos, para comprar uma escova de dentes e um nécessaire que passou a guardar debaixo do travesseiro, e não na cesta coletiva.

SUA VEZ:
Qual é a sua referência de limites?

Para ajudar a esclarecer sua referência de limites, leia as perguntas abaixo e marque todas as que se aplicam a você.

- Tentar definir limites falando abertamente lhe causa sentimentos de ansiedade?

- Quando paga por um serviço, você evita falar se ficou insatisfeita?

- Você tende a ignorar suas preferências ou necessidades até explodir de frustração?

- Você tem uma ideia bem específica da forma como as coisas devem ser feitas e com frequência se sente frustrada com os outros por não entenderem?

- Você sente tristeza, raiva ou ressentimento com frequência porque as pessoas não percebem ou não respeitam seus limites?

- Você tem medo ou evita falar abertamente quando discorda ou tem uma opinião diferente da pessoa ou do grupo com quem está?

- Você cria relacionamentos problemáticos por não conseguir se expressar de forma autêntica, compartilhar suas preferências ou dizer não?

- Você costuma se ofender com o comportamento dos outros ou se sente na obrigação de corrigi-los?

- Quando se sente traída, você corta as pessoas da sua vida ou passa a evitá-las, em vez de iniciar uma conversa difícil?

> - Quando os amigos ou familiares têm problemas, você se sente compelida a fazer sugestões ou encontrar soluções para eles, mesmo que não tenham pedido a sua ajuda?
>
> Cada uma dessas perguntas indica uma expressão específica de limites desajustados. Elas podem mostrar a você as áreas que devem ser trabalhadas à medida que avançarmos nesta jornada.

Esse exemplo aparentemente banal dos limites fracos na família de Jules é parte de uma disfunção maior: negligência e abuso. Os pais não a protegeram da violência dos irmãos maiores; eles liam seu diário e não permitiam que ela (nem ninguém) trancasse a porta do banheiro. A privacidade de Jules, até na banheira, era desrespeitada com frequência. Assim como ela, pode ser que você tenha sofrido "pequenas" transgressões de limites sem pensar muito a respeito disso. Mas é importante reconhecer que todas as violações de limites têm o potencial de semear problemas futuros. Limites ruins são limites ruins. E, para muitas de minhas pacientes, as sementes brotaram, cresceram e, na idade adulta, originaram uma incapacidade de identificar, priorizar ou comunicar desejos, necessidades ou até mesmo preferências pessoais.

Limites pessoais: uma introdução

Vamos começar com o básico sobre limites pessoais para você entender melhor por que eles são importantes todo santo dia. Imagine uma casa com uma cerca alta e placas dizendo "Não entre" e "Invasores serão punidos". Todo mundo entende a cerca como um limite óbvio. As placas informam as consequências da transgressão.

Apesar de funcionarem da mesma forma, os limites pessoais são mais complicados que uma cerca. Não dá para pendurar placas e esperar que os outros as respeitem. Limites pessoais são invisíveis e, portanto, precisam ser estabelecidos com palavras (muitas vezes repetidas) *e* ações. Eles também são individuais, baseados em experiências na infância, normas culturais, papéis de gênero e outros fatores. Não existe uma ação única (como pendurar uma placa) que resolva tudo.

Limites pessoais são como um manual que você cria para identificar com clareza como outras pessoas poderão se comportar com você. Isso quer dizer que você pode, *sim*, dizer a uma colega do trabalho que não quer ouvir a fofoca do dia porque tem prazos a cumprir e precisa se concentrar. Ou avisar aquela sua amiga que adora julgar os outros que comentários mesquinhos sobre seu peso/sua aparência/vida amorosa não são bem-vindos. Impor limites exige uma resposta pronta para quando alguém os ultrapassar. Isso significa definir consequências claras para infratores reincidentes (mais sobre isso no capítulo 7).

Criar limites saudáveis a protege de danos emocionais e mantém a sua dignidade intacta. Sim, limites saudáveis ajudam você a vivenciar uma verdade essencial: você é a pessoa mais importante da sua vida. Tratar a si mesma com respeito e empatia lhe permite desenvolver a capacidade inabalável de se conhecer, honrar e proteger, em vez de se abandonar. Isso é importante porque a forma como você *se* vê e *se* trata torna-se a referência para todos os outros relacionamentos na sua vida.

PAPO RETO *Sua criação pode tê-la levado a acreditar que ter limites saudáveis faz de você uma pessoa egoísta, agressiva e reclamona, mas, na verdade, isso a torna corajosa e generosa.*

Categorias de limites

Há cinco categorias gerais de limites: físicos, sexuais, materiais, mentais e emocionais. Quando um deles é ultrapassado, temos um problema. Além disso, existem três níveis de limites: rígidos, permeáveis e saudáveis. Entender essas categorias e níveis vai ajudar você a enxergar onde estão seus problemas com limites, para que possa começar a corrigi-los. Será que seus limites emocionais são permeáveis demais? Ou os mentais, muito rígidos? Em que contextos você é flexível e equilibrada?

A seguir estão os limites pessoais que precisam da sua atenção:

- **Limites físicos.** O seu limite físico mais básico é o seu corpo, incluindo quem tem a permissão de tocá-lo e como, além do espaço pessoal de que você precisa. Alguns exemplos de violações de limites físicos: uma pessoa que a segura sem sua permissão, usa o seu desodorante (ou sua escova!) ou entra no banheiro sem bater na porta enquanto você está no chuveiro.

- **Limites sexuais.** Você pode e deve decidir qual nível de toque sexual é aceitável, assim como quando, onde e com quem ele pode acontecer. Alguém coagi-la ou forçá-la a um ato sexual, fazer comentários obscenos ou se comportar de modo a estimular ou satisfazer os próprios impulsos sexuais sem o seu consentimento explícito são exemplos de violações de limites sexuais.

- **Limites materiais.** Você determina como os outros podem (ou não) ter acesso aos seus bens materiais. Isso inclui emprestar dinheiro, roupas, seu carro ou outras coisas a amigos ou parentes, e sob quais condições. Por exemplo, existem áreas da sua casa que são proibidas aos convidados? As visitas devem tirar os sapatos antes de entrar? Alguém usar seu computador sem pedir, pegar roupas do seu armário ou deixar lixo no seu carro são exemplos de violações de limites materiais.

- **Limites mentais.** É você quem define seus pensamentos, valores e opiniões. Para estabelecer limites mentais, primeiro é preciso saber no que você acredita. Ter limites mentais saudáveis significa poder ouvir os outros com a mente aberta, e até discordar, sem abrir mão das suas crenças fundamentais. Alguém fazer exigências em vez de pedidos, desprezar suas crenças ou desrespeitar o seu *não* para conseguir o que quer são exemplos de violações de limites mentais.

- **Limites emocionais.** Só você é responsável pelos seus sentimentos, assim como os outros são responsáveis pelos deles. Limites emocionais saudáveis evitam que você faça críticas espontâneas ou dê conselhos que não foram pedidos. Eles impedem que você culpe os outros pelos seus *próprios* sentimentos e, por outro lado, evita que aceite a culpa por emoções que não são suas. Ajudam a não contar detalhes íntimos cedo demais, não levar as coisas para o lado pessoal e não sentir culpa pelos problemas ou sentimentos negativos de outra pessoa. Se você tende a ser muito emotiva, combativa ou defensiva, pode ser que tenha limites emocionais desajustados. Se alguém invalida os sentimentos dos outros, lhe diz como *você* se sente ou deve se sentir ou faz perguntas invasivas, essa pessoa está violando limites emocionais.

Níveis de limites

Dentro de cada uma das categorias acima, existem três níveis de limites: rígidos, permeáveis e saudáveis. Limites muito ou pouco flexíveis são sintoma de problemas.

- **Limites rígidos.** Se os seus limites forem muito rígidos, pode ser que você:
  - não peça ajuda quando precisa;
  - evite relacionamentos íntimos para minimizar a rejeição;
  - pareça fria ou distante;
  - tenha uma tendência a se isolar dos outros.

Talvez as pessoas a descrevam como indisponível, fechada ou inflexível. Pode ser que você tenha adotado um lema como "Ou faz do meu jeito ou cai fora!" ou uma vibe meio "rainha do gelo". Como você não se dá muito bem com os outros, é provável que rejeite de cara aqueles que desrespeitem seus limites, em vez de falar com eles sobre como a chatearam. Um equívoco comum é pensar que ter limites rígidos é o mesmo que ter limites saudáveis. Esse não é o caso, porque ser inflexível atrapalha a construção de relacionamentos saudáveis da mesma forma que ser flexível demais.

PAPO RETO *Ao contrário da crença popular, limites exageradamente rígidos não são saudáveis, pois são influenciados pelo medo de ser vulnerável e podem inibir relacionamentos e experiências abertas e saudáveis.*

- **Limites permeáveis.** Se os seus limites forem flexíveis demais, pode ser que você:
    - compartilhe informações pessoais de forma excessiva;
    - diga sim quando quer dizer não;
    - se responsabilize pelos problemas dos outros;
    - tolere comportamentos desrespeitosos ou abusivos.

Talvez as pessoas a descrevam como alguém que aceita tudo, avessa a conflitos, ou muito, mas muito legal. Talvez você passe a impressão de ser fácil de convencer ou de pacificar conflitos. Você é influenciada pelos pensamentos, sentimentos e problemas dos outros, e às vezes até os coloca acima dos seus. (Por exemplo, quando você está saindo para a academia e uma amiga liga para falar de algum drama romântico tóxico; você, então, resolve ficar em casa, abrir seu exemplar do clássico livro de autoajuda *Mulheres que amam demais* e começar a sublinhar trechos para a amiga ler.) Talvez sua postura na vida seja: "Se todos estão felizes, então eu também estou."

- **Limites saudáveis.** Quando tem limites saudáveis, você:
    - dá valor aos próprios pensamentos e opiniões;
    - se sente confortável pedindo ou aceitando ajuda;
    - sabe quando compartilhar informações pessoais – e com quem;
    - é capaz de aceitar e respeitar os limites dos outros, inclusive quando alguém diz não a um pedido seu.

Talvez as pessoas a descrevam como responsável, confiável ou autoconfiante. Quando você tem limites saudáveis, os outros se sentem seguros e à vontade na sua presença. Você cumpre com sua palavra, se comunica de maneira eficaz e se responsabiliza pela própria felicidade. (Sem precisar fazer chantagem emocional.) Você não é emocionalmente reativa. Por exemplo, quando recebe, tarde da noite, uma ligação de um parente com notícias preocupantes, você é capaz de ficar a sós com seus sentimentos até a manhã seguinte, em vez de mandar uma mensagem de SOS para sua melhor amiga depois da meia-noite ou entrar no modo ação porque não aguenta se sentir desamparada. Você é capaz de lidar com suas emoções.

Se tem limites saudáveis, você também tem uma noção clara de contexto, sabendo quando certos limites são adequados. O que é apropriado com sua família e seus amigos pode não ser com seus colegas de trabalho ou seu chefe. Por exemplo, após um término de namoro doloroso, chorar suas mágoas com as amigas é adequado. Fazer o mesmo com um subordinado ou com seu chefe, porém, não é.

Cultivar limites pessoais saudáveis requer discernimento e uma boa e sincera (e provavelmente bem tardia) revisão geral dos seus relacionamentos, incluindo aquele que você tem consigo mesma.

Dá certo até não dar mais

A busca de Jules pela escova de dentes própria ilustra uma reação natural a limites materiais desajustados. A qualquer preço, ela estava determinada a demarcar um canto do banheiro da família que pertencesse apenas a ela.

Ao longo da infância, Jules aprendeu a suprimir sentimentos, necessidades e preferências para evitar ser alvo de abuso. Quando o pai bebia, ele era violento (violação de limites físicos); os irmãos roubavam suas roupas e outras posses (limites materiais); os mais velhos a provocavam e a chamavam de "gorda e feia" (limites emocionais). Devido a essas experiências, ela concluiu que não fazer estardalhaço e tentar agradar às pessoas à sua volta era a estratégia mais segura. Os limites comportamentais que ela aprendeu eram adaptados às condições de sua infância. Mas esses mesmos comportamentos geraram conflitos e insatisfação quando ela deixou a casa onde cresceu. Eles se tornaram desajustados. O impacto de algo tão pequeno como brigar para ter a própria escova era, na verdade, enorme.

Na vida adulta, o nível de limites de Jules (flexível), agora desajustado, resultou em uma sequência de relacionamentos desastrosos que durou uma década. Cada relacionamento repetia, de algum jeito, a falta de limites na infância. Assim como os irmãos, os namorados de Jules se sentiam no direito de tirar proveito dos frutos do esforço dela, como o dinheiro que ela trabalhou duro para ganhar, seu apartamento e até mesmo seu tempo (violações de limites materiais). Ela acreditava que amar uma pessoa significava fazer tudo o que ela pedisse e deixá-la tomar o que quisesse (violações de limites emocionais). Jules atingiu um ponto crítico depois que seu último relacionamento deu muito errado e percebeu, enfim, que era *ela* o denominador comum de todas essas experiências dolorosas. Ela se descreveu como a pessoa que estava "sempre dando". Na minha opinião, "gravemente codependente" também seria correto. Deixar de lado as próprias necessidades havia garantido segurança e amor no dialeto disfuncional da família dela. Porém, na vida adulta, esse autoabandono tinha virado um obstáculo imenso ao bem-estar e à felicidade de Jules. Além disso, os problemas com limites acabaram colocando-a em perigo real. Ela chegou a um triz de perder tudo.

PAPO RETO *Os diferentes limites que precisam da sua atenção são físicos, sexuais, materiais, mentais e emocionais. Dentro de cada uma dessas categorias, seus limites podem ser rígidos, permeáveis ou saudáveis.*

Alguns exemplos específicos do histórico romântico de Jules revelam ecos das infrações de limites materiais na infância. Certa vez, ela deixou um novo namorado morar com ela porque ele não conseguia mais pagar o aluguel e estava sendo despejado. Com outro ex, ela se ofereceu para projetar e construir um set para a peça de teatro experimental dele, apesar de já estar trabalhando em tempo integral e não ter energia nem para ir à academia. Jules também investiu mais de metade da poupança na "invenção" de outro namorado tóxico e nunca viu um centavo de volta. Já deu para entender, né?

Resumindo, os limites dela, materiais ou não, eram flexíveis *demais*. Isso às vezes se manifestava na forma de uma indecisão debilitante, que a mantinha em situações terríveis muito além da data de vencimento. Algo que aprendi: a indecisão é uma experiência comum para mulheres que têm problemas com limites. Se os seus limites são flexíveis demais, você pode ter medo de magoar alguém, ou de ser rejeitada ou ridicularizada por uma decisão. A indecisão pode ser uma forma inconsciente de evitar esse conflito. Se você nega a si mesma o direito de mudar de ideia, não consegue levantar a voz e nunca diz não, toda decisão carrega o peso de uma condenação perpétua.

Pode parecer absurdo, mas os irmãos caçoavam de Jules por querer a própria escova de dentes quando era adolescente. Eles faziam pouco dela, dizendo que tinha se tornado uma "diva exigente". (*Fala sério*.) Assim como muitas mulheres, Jules recebia a mensagem, direta e indiretamente, de que ter limites saudáveis fazia dela uma megera egoísta e briguenta. Nada poderia estar mais longe da verdade.

Jules tinha um entendimento distorcido dos conceitos de amor e segurança, o que a levou a dar as costas a si mesma e a seus interesses na vida adulta. Sua noção de lealdade era equivocada, estendendo-se até aqueles que não mereciam a sua devoção. Ela precisaria de muito mais que cinco dólares em produtos de higiene bucal para transformar os padrões danosos que havia internalizado.

Mais uma vez: as estratégias *adaptativas* de que Jules tinha se valido em seus primeiros anos de vida se tornaram *prejudiciais* na fase adulta, levando-a a ser usada e desvalorizada, assim como na infância (nenhuma coincidência aqui). Isso é um exemplo do que chamo de padrão repetitivo de limites, quando a disfunção do presente espelha uma experiência dolorosa do passado (aprenda mais sobre isso no capítulo 5).

Nosso passado coletivo afeta nosso presente

Para entender melhor os limites pessoais, precisamos reconhecer um contexto mais amplo do que aprendemos no nosso sistema familiar: a história da opressão. A evolução dos direitos das mulheres tem impacto primordial em nosso relacionamento consciente, inconsciente e coletivo com nossas crenças sobre limites, até hoje. Se não tomarmos consciência da nossa história, o futuro pode facilmente repetir o passado.

Nos Estados Unidos, antes de 1920, quando a Décima Nona Emenda à Constituição deu às mulheres, em especial às brancas, o direito ao voto (as racializadas dependiam de leis específicas de cada estado), as mulheres eram basicamente propriedade dos maridos. (Sim, propriedade. Assim como terra, gado ou um carro. Sem direitos, sem soberania, sem poder de se manifestar.) Faz pouco mais de um século isso! É quase inacreditável. Ou, pensando melhor, não é, não.

Há centenas, se não milhares, de anos, as mulheres vêm sendo marginalizadas e tratadas como objetos, sobretudo as não brancas. Ser parte de um grupo marginalizado afeta de maneira negativa a identidade e a autoestima do indivíduo. Segundo E. J. R. David, autor de *Internalized Oppression: The Psychology of Marginalized Groups* [Opressão internalizada: a psicologia de grupos marginalizados, em tradução livre], nós, mulheres, costumamos acreditar em mensagens negativas sobre quem somos, mesmo sem perceber. É o resultado de internalizar a experiência da opressão, o que pode levar a sentimentos de inferioridade e autodepreciação.

Essa opressão internalizada se manifesta de várias formas nas mulheres. Invalidamos nossas próprias experiências, por exemplo, quando não falamos abertamente por medo de "fazer drama". Nos preocupamos demais com nossa aparência, a ponto de acreditar que perdemos nosso valor quando envelhecemos ou estamos "fora do peso". Priorizamos as necessidades e os desejos dos outros relegando os nossos a segundo plano, como se esse autossacrifício fosse a prova de que somos "boas". A opressão internalizada só faz reforçar nossos limites desajustados.

Se você é uma mulher que não consegue impor limites, entenda que sua dificuldade é conectada por um fio invisível à de inúmeras gerações de mulheres que vieram antes e também duvidaram do próprio valor. A sua luta não ocorre em um vácuo. E tudo isso para quê? Para reforçar o senso de pertencimento? Para mim, isso é besteira. Mas *ainda* estamos lidando com as consequências.

As verdadeiras mudanças sociais levam tempo. Considere o movimento #MeToo, iniciado por Tarana Burke em 2006 para empoderar, por meio da empatia, mulheres racializadas que sofreram abuso sexual. Onze anos depois, em 2017, a campanha de Tarana foi reativada em um âmbito muito maior durante a investigação de abusos sexuais cometidos por Harvey Weinstein, um influente produtor de audiovisual. Desigualdade de gênero de longa data, abuso de poder, assédio sistêmico e agressão sexual, condições que toda mulher já sentiu na pele, de repente se tornaram discussões públicas no mundo inteiro. Conversas potentes sobre como tais dinâmicas historicamente desequilibradas afetam as mulheres, de modo individual e coletivo, levaram a ações decisivas contra um monte de abusadores. Aleluia, e até que enfim!

Boas notícias: um ano após o movimento #MeToo atropelar preconceitos, os americanos elegeram um número recorde de mulheres (117) e mulheres não brancas (42) para o Congresso (já é um começo). Mas vieses tão profundos não mudam da noite para o dia. A má notícia: papéis de gênero continuam enraizados em nosso inconsciente coletivo e ainda ditam a forma como devemos nos vestir, agir e falar. Ainda há muito trabalho a ser feito.

> **PAPO RETO** Os seus limites pessoais são influenciados por suas experiências na infância, normas culturais, papéis de gênero e muitos outros fatores.

Enquanto isso, pessoas como nós ainda precisam descobrir as suposições, projeções e julgamentos sexistas, implícitos e explícitos, que toleramos e internalizamos desde a infância. Estejamos ou não conscientes de seu impacto, esses sentimentos incapacitantes podem influenciar nosso senso de identidade de uma forma muito negativa. E, como o tempo não espera ninguém, a sua jornada é necessária *agora,* para você e para as futuras gerações que serão empoderadas pela sua transformação. Nas sábias palavras do especialista em meditação e atenção plena Davidji: "Nós transformamos o mundo quando nos transformamos."

Mudando o final da história

Jules teve que chegar ao fundo do poço para entender como seus problemas com limites eram graves. Pouco após o término de uma relação, um detetive da polícia de Nova York bateu à porta dela. "Venha comigo, por favor", disse.

Com o coração disparado, ela vestiu um casaco e seguiu o policial até uma viatura. Sem o seu conhecimento, o ex de Jules havia usado o endereço dela para atividades ilícitas, implicando-a no crime.

Jules estava tão concentrada em agradar o namorado que não percebeu o que ocorria embaixo do próprio nariz. Muito abalada, ela percebeu que tinha chegado à beira de um desastre: acusações criminais e uma vida comprometida!

Felizmente, a história de Jules acaba bem. Depois desse incidente assustador, ela começou a fazer psicoterapia e dedicou esforço, cuidado e atenção a si própria e a seus limites. O resultado? Ela atualizou o manual de *Como Jules deve ser tratada* e se tornou uma especialista em si mesma, capaz de estabelecer, expressar e manter limites saudáveis. Jules está em um casamento feliz com o marido, Gio, há 12 anos. Eles se conheceram em um encontro às cegas, à moda antiga, organizado por amigos em comum, e Jules alegremente se tornou uma "mãe bônus" para as duas filhas dele, que adora. Ela diz que ganhou na loteria da família.

Jules conseguiu superar a disfunção que vinha de sua infância, provando que aprender formas mais saudáveis de interagir é possível, *sim*. Assim como ela, você talvez se sinta compelida a melhorar suas habilidades com limites, não só para seu próprio bem, mas também em benefício de todos ao seu redor. Mas o que quero mesmo que você saiba é que nunca é tarde demais para se tornar o que você poderia ter sido ou quem deseja ser. Comprometa-se a viver a vida que quer *agora*.

PAPO RETO *Criar limites saudáveis protege você de danos emocionais, mantém sua dignidade pessoal intacta e fortalece seus relacionamentos, inclusive sua relação consigo mesma.*

ENTRE EM AÇÃO

1. **Lembrete mental.** Preste atenção aos diferentes tipos e níveis de limites. Como eles se aplicam aos seus relacionamentos atuais? Que infrações de limites (físicos, sexuais, materiais, mentais, emocionais) acontecem com mais frequência?

2. **Vá mais fundo: aceitável ou inaceitável.** É hora de avaliar com sinceridade o que está ou não funcionando em todas as áreas da sua vida. Vá para a página 217, na seção "Vá mais fundo", para completar a sua lista do que é aceitável/inaceitável. É um exercício fundamental de transformação. Não pule essa etapa!

CAPÍTULO 3

A conexão de codependência

ESTHER, UMA BEM-SUCEDIDA EDITORA DE BELEZA, anunciou antes mesmo de se sentar por que tinha ido ao meu consultório.

"Entãoeusóprecisoreduzirumpoucooestresse", disse ela, sem qualquer pausa para respirar. Pelo tom, percebi que Esther estava acostumada a comandar.

"Muito prazer, Esther", respondi. "Eu sou a Terri."

Sentando-se, ela respirou fundo e falou: "Quer dizer, é óbvio que eu estou *bem*. Só que parece que nunca consigo relaxar, e isso está cobrando um preço do meu corpo. Ontem tive que faltar ao trabalho pela primeira vez, e *não* tenho tempo para isso! Você consegue me ajudar?"

Aquele estado angustiado de Esther não era novidade para mim. Muitas vezes, as pacientes só procuram apoio quando sentem que não tem outro jeito. Elas talvez não percebam como os limites desajustados estão minando seus esforços para ser felizes, saudáveis e bem-sucedidas. No entanto, o nervosismo, a frustração e a dor que transparecem são inconfundíveis.

Pela postura pragmática, tive a sensação de que, se pudesse, Esther teria marcado uma maratona de sessões no fim de semana para poder riscar "terapia" da lista de tarefas e voltar ao ritmo acelerado assim que possível. Mas minha experiência pessoal e profissional me dizia que, em primeiro lugar, precisávamos *desacelerar*. Assim, poderíamos desvendar de maneira metódica a raiz do estresse dela e explorar os mecanismos que a tinham ajudado a sobreviver até aquele momento.

Esther relatou que a ansiedade exacerbada começara a se manifestar sob a forma de dores físicas cada vez mais fortes. Em especial, ela tinha dores de cabeça debilitantes e disfunção da articulação temporomandibular, também conhecida como DTM, por cerrar os dentes enquanto dormia. Dormir, por sinal, não acontecia com a frequência que ela gostaria, porque também estava sofrendo com uma insônia intermitente havia três anos. O diagnóstico recente de herpes-zóster, uma infecção viral que causava erupções dolorosas, trazia dores tão lancinantes que estavam interferindo na sua capacidade de trabalhar. Todas essas condições podiam ser associadas ao estresse e à ansiedade, observei.

Descobri que Esther era filha única e tinha passado boa parte da infância auxiliando os pais, imigrantes sul-coreanos que não eram fluentes em inglês. Desde criança ela carregava responsabilidades de adulta, atuando como tradutora em reuniões de pais e professores e em consultas médicas. Com o tempo, Esther se sentiu pressionada a seguir a definição de sucesso que vinha da cultura de origem dos pais, o que significava que deveria cursar medicina. Quanto mais reconhecimento profissional obtinha como editora, mais ela se sentia em conflito interno. Esther ficava feliz por si mesma, mas também decepcionada. A profissão que significava tanto para ela nunca receberia a aprovação dos seus pais.

A natureza determinada e autossuficiente de Esther também se manifestava na vida romântica. Seu namorado, muito amoroso, era um ator com pouco trabalho que frequentemente a deixava pagar a conta do jantar e, às vezes, se "esquecia" de reembolsá-la pela parte dele nas viagens chiques que ela pesquisava, reservava e planejava em detalhes. Depois que a empolgação do início do relacionamento arrefeceu, Esther passou a se ver com frequência na posição de mediadora entre o namorado e a mãe dele, uma mulher doce e carente. Às vezes, ela ignorava as diferenças óbvias em relação ao parceiro dizendo "Os opostos se atraem, né?". Na verdade, estava claramente estressada e cansada de ficar com alguém que não estava fazendo a parte dele.

Depois de entender melhor a situação de Esther, pensei: *É óbvio que ela está se sentindo doente.* Para uma pessoa como ela, não dar conta do recado gera uma ansiedade intensa. Toda a identidade dela se baseava na eficiência com que administrava o mundo exterior. Em pouco tempo, ficou claro que Esther era uma codependente de alto rendimento.

A codependência de alto rendimento

Assim como Esther, muitas das minhas pacientes são bem-sucedidas de acordo com os parâmetros da sociedade – CEOs, mães empreendedoras e atrizes da Broadway. Elas desejam ser boas parceiras, mães, líderes e amigas. Têm alto desempenho em todos os aspectos, guiadas pela crença de que, para ter valor, precisam dar conta de *tudo*. "Ajuda" é uma palavra proibida, a não ser que elas sejam as agentes da ajuda. Enquanto estão ocupadas fazendo, fazendo e fazendo, perdem de vista um fato crucial: estão se *desfazendo* nesse processo. Cansa só de pensar, não é mesmo? Noventa e nove por cento das vezes, esse tipo de rendimento muito alto indica codependência, uma condição em que mulheres (embora os homens também possam ser codependentes) são impelidas a fazer pelas pessoas que as cercam coisas que, na verdade, essas pessoas deveriam fazer por conta própria.

Quando ouvimos o termo *codependente*, certas imagens negativas vêm à mente – por exemplo, uma mulher submissa que sempre dá um jeito na situação quando o marido alcoólatra não consegue se livrar da bebida; uma mulher permissiva que empresta rios de dinheiro para uma amiga que precisa aprender a se virar sozinha; ou uma mulher que encontra justificativas para o comportamento do parceiro abusivo porque não suporta ficar sozinha.

Nos meus primeiros anos como terapeuta, a maioria das minhas pacientes de alta performance se indignava quando eu mencionava esse termo. "Você está *brincando*?", ouvi várias vezes. "Todo mundo depende de *mim*. Eu faço *tudo*. As pessoas *me* procuram para fazer as coisas e resolver os problemas delas."

Aqui preciso ser clara: não considero que pessoas codependentes sejam fracas, longe disso. Como minhas pacientes não se identificavam com as conotações antigas de codependência, cunhei um novo termo: *Codependente de Alto Rendimento* (CAR). Ser uma codependente de alto rendimento significa se sentir exageradamente responsável pelos sentimentos e pelas ações de determinadas pessoas do seu entorno. Esse comportamento pode se manifestar quando você se esforça demais, se dedica demais e oferece conselhos automaticamente na tentativa de controlar os resultados (em especial quando não são os *seus* resultados). Esse hiperfoco na vida dos outros faz com que suas necessidades pessoais e seus desejos sejam deixados de lado.

No caso de Esther, uma CAR completa, os sintomas físicos ameaçavam arruinar sua "fórmula do sucesso" de *fazer sempre mais*. Óbvio que ela achava que eu tinha dicas mágicas para aliviar o estresse, para que pudesse riscar a terapia da lista de tarefas e voltar à vida de sempre. A perspectiva de não ser capaz de dar conta e ir em frente com força total – basicamente a única realidade que ela conhecia – era aterrorizante.

Codependentes de alto rendimento podem ter vivido experiências diversas na infância. Você talvez tenha crescido em um sistema familiar caótico, rígido, abusivo, negligente ou marcado pelo vício em substâncias. Talvez tenham ensinado a você que agradar os outros era prioridade. Você talvez tenha sido forçada a assumir o papel de cuidadora ou a ter responsabilidades de adulta desde pequena, como aconteceu com Esther. Essas experiências podem nos condicionar a prever e priorizar as necessidades dos outros no lugar das nossas. Uma coisa é certa: para que você se tornasse uma codependente de alto rendimento, sua infância foi disfuncional em algum aspecto, e isso leva a padrões comportamentais de assumir responsabilidades demais. São padrões que podem ser difíceis de desfazer. Para as CARs, ajudar, consertar, fazer e salvar são uma compulsão arraigada e inconsciente.

PAPO RETO *Ser uma codependente de alto rendimento significa ter um padrão de comportamento disfuncional: você se sente exageradamente responsável pelos sentimentos e pelas ações dos outros, às custas dos seus próprios desejos, das suas necessidades e do seu bem-estar.*

Se isso tiver soado familiar, comemore! Quando falamos de transformação pessoal, é preciso nomear a disfunção para modificá-la. Momentos de reconhecimento são cruciais para o seu crescimento e o seu bem-estar.

A raiz da codependência é uma necessidade primitiva de sobreviver e obter segurança e amor. Quando se torna útil ou até indispensável, você talvez esteja tentando, de modo inconsciente, se assegurar de que não será rejeitada. Esse é um instinto muito humano. Embora as causas por trás da codependência sejam compreensíveis, o ideal é que você busque segurança e amor de maneiras mais saudáveis.

A autoconsciência é a melhor ferramenta para detectar situações em que você está sendo levada por suas tendências capciosas e insistentes de codependência. Sem isso, é fácil continuar acreditando que está tomando decisões conscientes, e não perpetuando comportamentos antigos que não trazem mais benefícios. Parece uma *escolha* ir resgatar uma amiga que teve uma briga feia com o marido e precisa de um lugar para ficar. Parece uma *escolha* pagar a fiança do primo Billy depois que ele foi preso por dirigir bêbado (de novo). Parece uma *escolha* se envolver com o drama familiar da professora do seu filho. A verdade é que pode ser difícil perceber a diferença entre uma escolha e uma compulsão, mas elas não são a mesma coisa. Quando falamos de ser parte da solução do problema de outra pessoa, se você não consegue dizer *não*, então tem uma compulsão de codependência de alto rendimento.

Ei, não estou julgando. Já estive no seu lugar. Tenho umas histórias bem absurdas a respeito dos meus próprios limites desajustados (que, felizmente, são águas passadas). Alguns exemplos: me ofereci para fazer o vestibular no lugar da minha prima; escrevi um artigo sobre filosofia para um namorado da faculdade (e fui pega); paguei 600 dólares para reaver o carro rebocado de outro namorado (ele foi multado por estacionar em local proibido no dia seguinte). Essas ações não me ajudaram em nada, mas sabe como é, é fácil falar olhando em retrospecto. Resumindo, a *codependência* é um estado contínuo de foco nas necessidades, nos desejos e nos problemas dos outros para *você obter aprovação, se sentir valorizada e tentar controlar os resultados.*

Um grande sinal de CAR é se sentir muito responsável por *tudo*, como se você tivesse que tomar todas as atitudes necessárias sempre. Você também pode acreditar que, se disser não, mudar de ideia ou não conseguir concretizar o que se dispôs a fazer, talvez aconteça algo *terrível*. Essa narrativa falsa tem origem no medo infantil de fracassar ou decepcionar os outros. As situações podem parecer muito urgentes, caso de vida ou morte, mesmo quando não são.

Para dar um choque de realidade nas minhas clientes CAR, faço a seguinte provocação: imagine que você será abduzida por extraterrestres amanhã. O que vai acontecer? Sendo bem direta: o sol continuará nascendo e se pondo. Sua família e seus amigos vão se virar. Seu chefe delegará seus projetos a outra pessoa. A grama seguirá crescendo. A vida *vai* continuar sem que você precise se multiplicar para dar conta de tudo o que *tem que* fazer. Você não precisa provar seu valor se dedicando demais. É valiosa pelo simples fato de estar viva e ser única e autenticamente você mesma.

Outro sinal menos óbvio de CAR é projetar nossos sentimentos inaceitáveis nos outros. A *projeção* é o ato de rejeitar psicologicamente características e sentimentos indesejados, atribuindo-os a outra pessoa. "Por que você está tão irritado?", você talvez pergunte ao seu parceiro, um cara tranquilo, quando, na verdade, você está projetando a *sua* raiva inaceitável *nele*. Isso também pode se manifestar quando você detesta uma pessoa, mas sente que ela é quem não gosta de você. ("Não entendo por que a Cindy me odeia!", você diz, minutos depois de enviar mensagens raivosas sobre ela para uma amiga em comum.) Se não falarmos sobre nossas emoções fortes, elas virão à tona, de modo consciente ou não. (Ou, como costumo dizer, só existem duas opções: falar sobre elas ou agir de acordo com elas.) A necessidade inconsciente de usar esse mecanismo de defesa confuso vai se reduzir drasticamente à medida que você conhecer, aceitar e expressar seus verdadeiros sentimentos.

SUA VEZ:
Você é uma codependente de alto rendimento?

Há uma linha tênue entre um comportamento saudável, humano e cuidadoso, e a codependência. Ela pode limitar seu potencial de criar intimidade e conexões autênticas e fazer você sentir que, no fim das contas, não sobra nada para *você*. A codependência também inibe sua capacidade de definir e impor limites saudáveis.

A lista a seguir vai ajudá-la a identificar tendências codependentes. Você...

- Se sente responsável por escolhas, resultados e estados de espírito dos outros?

- Quando algo ruim está acontecendo com outra pessoa, você sente como se aquilo também estivesse acontecendo com você?

- Acha importante ser "necessária" para os outros?

- Deixa suas próprias necessidades ou desejos de lado pelo bem dos outros?

- Conecta seu valor ou sua identidade à ajuda que dá aos outros?

- Precisa ser parte da solução dos problemas de alguém?

- Faz mais do que lhe pedem?

- Faz coisas pelos outros que eles poderiam e deveriam fazer por conta própria?

- Diz sim quando queria dizer não?

- Dá cobertura para os outros (fica acordada até duas da manhã para terminar o projeto de ciências do seu filho que ele "esqueceu" que era para o dia seguinte)?

- Inventa justificativas para o comportamento ruim das pessoas?

- Cultiva ressentimento ou amargura por se dedicar exageradamente?

- Às vezes pensa consigo mesma: "*Não acredito que Fulano falou/fez isso depois de tudo o que fiz por ele?*"

Quanto mais itens tiver marcado, mais tendências codependentes você tem. E problemas com limites. Não se preocupe; mesmo que tenha marcado a lista inteira, você está exatamente onde deveria estar. Lembre-se de que esta é uma zona sem julgamentos. Você está aprendendo mais sobre si mesma para que possamos usar essas informações cruciais na parte 2 do livro.

Comportamentos comuns de CARs

Para codependentes de alto rendimento, é difícil desligar o piloto automático de fazer, fazer e fazer sem uma tomada de consciência. Essas pessoas expressam sua necessidade de controle de três formas principais: dar conselhos automaticamente, fazer o trabalho emocional de todo mundo e cultivar o perfeccionismo.

Sra. Resolve Tudo

Uma amiga está contando como ficou chateada com um drama familiar recente. Antes que ela termine a história, você já está pensando em como pode fazê-la se sentir melhor. Procura no Google soluções que se apliquem ao caso dela. Não consegue não tomar para si o papel de socorrista porque *você* reage intensamente ao sofrimento dela, e *precisa* encontrar a cura para o que aflige sua amiga. Consegue perceber o que acabou de fazer? Presumiu que sabe o que é melhor para ela, tentando de modo inconsciente controlar o desfecho de uma história que, em última instância, tem a ver com sua amiga, e não com você.

Em parte, você talvez entre em situações que não lhe dizem respeito por causa da culpa. Como a pioneira psicóloga clínica Dra. Harriet Lerner escreveu, "nossa sociedade cultiva sentimentos de culpa nas mulheres, e o resultado é que muitas de nós ainda se sentem culpadas se forem menos que um posto de gasolina emocional para os outros". Talvez o hábito de se preocupar com todo mundo seja tão arraigado que você nem perceba que seu comportamento pode ser causado pela culpa.

É muito comum não termos consciência das emoções por trás do comportamento de codependência de alto rendimento, em especial quando nos sentimos impelidas a "resolver" as coisas. Isso ocorre porque codependentes tendem a ser desconectadas de suas próprias experiências internas. Assim, quando uma pessoa querida (ou até alguém que mal conhecemos) está sofrendo, o ímpeto de oferecer uma solução vem de um instinto de evitar conflitos e minimizar a dor – a *sua* dor, não a daquela pessoa. Na verdade, o que estamos dizendo é: *Sua dor está me causando dor, então vou dizer o que você deve fazer em um esforço para eu não sentir mais essa dor*. Acontece que a compulsão por resolver as dores alheias tem um grande benefício secundário: nos afasta de ter que lidar com nossas próprias experiências emocionais. No entanto, as respostas que você busca e as soluções dos seus problemas moram sempre – e apenas – dentro de você. Isso também vale para os seus amigos, sua família, pessoas amadas e todos os outros habitantes do planeta.

Conheço bem a compulsão de tentar resolver as questões dos outros. Anos atrás, meu marido, Vic, sofreu uma injustiça profissional. Senti instintivamente que podia ajudá-lo a corrigir a situação e, sem pestanejar, entrei no modo superprotetora. Pesquisei advogados e já estava montando um plano de ação. Por sorte, tinha me analisado o suficiente até aquele momento para enxergar minha codependência de alto rendimento em ação. Eu tinha saído do meu território e estava tentando capinar o terreno de Vic sem a permissão dele. Não estava realmente ajudando-o a solucionar o problema. Pior ainda, minha necessidade de controle fez com que ele ficasse mal consigo mesmo. Então fiz uma autorreflexão e percebi como estava me sentindo de fato: totalmente desamparada. *Esse* era o meu território. Depois de reconhecer meus sentimentos (para mim mesma), fui até Vic e disse: "Oi, amor, qual é o melhor jeito de apoiar você neste momento?" Ele me pediu para confiar e deixar que lidasse com a situação do jeito dele. No fim das contas, chegou a um desfecho justo e satisfatório (e sem advogados). Ao conter meu próprio desconforto, pude testemunhar e admirar Vic sendo o pisciano calmo e eficaz que ele é. Nosso relacionamento ficou mais forte. Não é um mau negócio, certo?

Resistir ao ímpeto de resolver os problemas dos outros é essencial para que a intimidade e os relacionamentos saudáveis prosperem. Há muitas maneiras de reagir sem que você precise ser a salvadora. Pode perguntar "O que você acha que deve fazer?" ou dizer "Acredito em você. Me fale qual é a melhor forma de te apoiar".

Da próxima vez que a compulsão de resolver tudo atacar, tente fazer uma pausa e respirar fundo. Espere o impulso passar e escute em vez de sair dando soluções.

Se não fizer isso, você vai perder a oportunidade de perceber o que está de fato acontecendo com o outro. Não descobrirá os sentimentos e os pensamentos específicos dele porque está focada demais no seu próprio conforto. Sim, pode ser muito difícil ver as pessoas que amamos passando por problemas, mas abrir espaço para as reações delas é o equivalente a abrir espaço para *elas*. Como Russell Friedman, meu amigo e coautor de *The Grief Recovery Handbook* (Manual para se recuperar do luto) me disse certa vez, "dar às pessoas conselhos ou críticas que elas não pediram tira a dignidade delas". Uau.

Trabalho invisível e não remunerado

Seja qual for seu nível de identificação com o comportamento codependente de alto rendimento, como mulher você com certeza já sofreu com o que chamamos de trabalho emocional. A escritora Gemma Hartley, que popularizou o termo em um artigo de 2017 na *Harper's Bazaar*, define trabalho emocional como "a combinação de gestão emocional com gestão de vida. É o *trabalho* não remunerado e invisível que fazemos para manter todos à nossa volta confortáveis e felizes". Minha versão disso é: trabalho emocional é um esforço invisível e pouco reconhecido, mas que nos esgota. Exemplos: planejar as férias da família, se lembrar de comprar o presente de fim de ano para a professora do seu filho (sendo que você tem um companheiro mais do que capaz de fazer isso), sempre assumir a tarefa de atribuir a parte de cada um na conta no jantar, mesmo que seus amigos possam facilmente fazer esse cálculo simples.

Minha história favorita sobre esse tema é a de Maddie Eisenhart, escritora, mãe e esposa cujo ressentimento por todo o trabalho emocional que vinha fazendo pelo marido começou a interferir no casamento. Certo dia, ela teve uma epifania: estava prestes a realizar uma série de tarefas que o companheiro poderia facilmente fazer, como cancelar o passeador de cães. O marido dela é engenheiro; com certeza era capaz de dar um único telefonema. Maddie comprou um quadro-branco e listou todas as tarefas que precisavam ser cumpridas para manter a vida familiar nos trilhos (e que ela vinha fazendo sozinha). Em seguida, pediu ao parceiro que se responsabilizasse por metade da lista. Ele não tinha consciência do trabalho emocional ou do ressentimento da esposa. Mesmo que o início tenha sido um pouco tenso, ela decidiu que valia a pena sentir um desconforto momentâneo em nome dos benefícios de longo prazo de não viver com uma raiva oculta do marido. A estratégia de compartilhar o trabalho emocional com o companheiro de maneira mais equitativa melhorou a união deles.

O ressentimento e outras emoções negativas são consequência natural de qualquer comportamento contínuo de fazer pelos outros o que eles deveriam fazer por si mesmos. Há uma desvantagem enorme em se realizar o trabalho emocional sem qualquer controle. Todos nós temos uma quantidade de energia finita e, se a gastarmos exageradamente a "serviço" dos outros, sobrará pouco combustível para o nosso desenvolvimento. Ou para pensar no que *nós* queremos de verdade. É por isso que a sobrecarga só pode levar a uma coisa: a amargura. E por que você não se sentiria amarga? Você acostumou os outros com seu serviço 24 horas e cinco estrelas. Sobra muito pouco para si mesma.

Veja o exemplo da minha amiga Sarah. Quando a irmã estava com um câncer terminal, Sarah interveio para garantir que ela tivesse a assistência adequada, já que o restante da família morava longe. Isso é louvável. Mas, sem que ninguém pedisse, Sarah foi longe demais. Além dos cuidados 24 horas que prestava, ela também mantinha a família informada e atuava como terapeuta para as amigas da irmã, que estavam arrasadas – o que é compreensível. Sarah nem pensou em todo o trabalho emocional que estava fazendo (nem na energia que estava despendendo) até que uma das amigas da irmã dissesse: "É extraordinário. Você não está cuidando só dela, mas também de todas nós."

PAPO RETO *Os seres humanos são programados para evitar a rejeição social, um instinto de sobrevivência que, de modo inconsciente, pode alimentar comportamentos de codependência de alto rendimento (CAR) impulsionados pelo medo, como excesso de dedicação e não se expressar com sinceridade.*

Foi aí que caiu a ficha de Sarah: *Caramba! Se eu gastasse toda essa energia com minha própria vida, poderia estar comandando um império multimilionário.* Naquele momento, ela percebeu que tinha passado muito dos limites. Eu definiria o tipo de trabalho emocional de Sarah como *autoimposto*. Ela estava se esforçando para fazer coisas que os outros nem esperavam dela (em outros sistemas familiares, o trabalho emocional é muitas vezes esperado). Depois da epifania, ela mudou sua conduta para fazer escolhas mais conscientes e se concentrar em aproveitar o tempo que ainda tinha com a irmã.

Perfeccionismo

O perfeccionismo é uma droga legalizada na nossa sociedade ultra-ambiciosa e centrada no dinheiro. Por isso, quase nunca se reconhece que ele é um problema profundamente debilitante. Nós nos fixamos tanto em ser ocupados e bem-sucedidos que acabamos nos tornando viciados em trabalho. Tive uma cliente que defendia seu jeito perfeccionista e nunca satisfeito – que incluía uma carga horária de trabalho insana – dizendo: "Bem, é melhor que ser preguiçosa." Sim, tudo bem, realmente fazer as coisas de qualquer jeito ou empurrá-las com a barriga não é legal. Mas esse raciocínio encobre o custo imenso de viver de acordo com o código rígido e entranhado de acreditar que *Só vou ser feliz, valorizada e digna de amor se der conta de tudo e fizer tudo bem.*

SUA VEZ:
Você é perfeccionista?

Reserve alguns minutos agora mesmo para avaliar seu nível de perfeccionismo. Assinale as afirmações que se aplicam aos seus comportamentos e posturas:

- Supercrítica: você é muito dura consigo mesma e com os outros.

- Só com esforço é que se colhem os frutos: você considera seu vício em trabalho uma medalha de honra e acredita que ele é necessário para alcançar o sucesso.

- Estressar-se para impressionar: muito nova, você aprendeu que suas conquistas geravam comentários positivos, mas a busca por excelência se misturou com o medo do fracasso. Isso pode criar um ciclo infinito de estresse.

- Morte à mediocridade: seu medo de ficar na média alimenta sua necessidade de ser perfeita. Se o sucesso não for garantido, você prefere nem tentar.

- Tudo ou nada: sua necessidade de ser a melhor a impede de correr riscos, o que limita sua disposição para aprender.

- Proteção contra a rejeição: por causa do seu pavor de rejeição e fracasso, você tem dificuldade de se mostrar de forma autêntica para os outros.

- O passado está presente: você costuma reviver fracassos e se tortura com o que "deveria" ter feito em vez de aceitar que fez o melhor possível.

- Tudo é pessoal: você é altamente sensível às críticas – sejam elas reais ou fruto da sua imaginação. Não existe "crítica construtiva"; para você, qualquer coisa que tenha um traço sequer de desaprovação parece um ataque.

- O jogo da vergonha: você é atormentada pela culpa e pela vergonha de qualquer coisa que considere um fracasso ou um erro.

- Paralisia analítica: você pensa demais para evitar falhas, o que acaba levando à procrastinação extrema.

Se tiver marcado cinco ou mais itens, você tem uma tendência ao perfeccionismo. O processo de aprender a estabelecer limites não é linear; essa informação pode ajudá-la nas curvas mais difíceis do nosso percurso e lembrá-la de ser gentil consigo mesma. Pegue leve!

O perfeccionismo é diferente da busca pela excelência, porque ele é a crença irrealista e implacável de que você (e os outros) não devem cometer erros. Muitas vezes, o perfeccionismo anda de mãos dadas com a codependência de alto rendimento, porque os dois têm origem em experiências da infância, de crescer em um ambiente imprevisível, autoritário ou caótico. O pensamento mágico da criança é que, se for perfeita o suficiente, ela pode impedir que coisas ruins aconteçam (a recaída ou a perda de emprego do pai ou da mãe, por exemplo) e evitar críticas, rejeição ou coisa pior. Na infância, essa estratégia talvez tenha tornado você uma estudante nota 10 ou uma atleta de destaque, mas ter expectativas irrealistas em relação a si mesma e aos outros na vida adulta sempre leva a frustrações, decepções e conflitos de limites.

Lembre-se: ainda estamos na etapa de tomada de consciência da sua jornada. À medida que esses comportamentos rotineiros forem se tornando conscientes, você pode voltar seu olhar para dentro (isto é, se concentrar no seu próprio território). Suas dificuldades com o trabalho emocional, a necessidade de solucionar todos os problemas, o perfeccionismo e outras tendências da CAR podem ser a base dos seus superpoderes. Só há um porém. Você *precisa* estabelecer limites saudáveis para proteger seus dons, seus talentos, sua sensibilidade e sua vida. Também precisará de limites para tomar decisões conscientes sobre como gastar seu tempo e sua energia, recursos tão preciosos.

Luta-fuga-congelamento, ou como aprendemos a sobreviver

Codependentes de alto rendimento podem achar que estão agindo por amor, mas seu comportamento disfuncional pode ser alimentado pelo medo. Por diversos motivos, muitas codependentes de alto rendimento aprenderam no início da vida que, para receber amor, carinho ou aprovação, precisavam fazer mais que ser apenas crianças.

Assim como Esther, todas nós recebemos influências familiares e culturais singulares que afetam nossa capacidade de falar a verdade, estabelecer limites adequados e, em última instância, criar a vida que desejamos. Seja qual for nossa formação cultural, somos todos *Homo sapiens*, descendentes de habitantes de cavernas para quem a rejeição do bando podia significar a morte. Por isso, nossos instintos primitivos de sobrevivência estão embutidos no DNA. Muitas vezes, esse medo elementar atrapalha nosso discernimento e nos impede de ver a vida como ela é. Ou até como poderia ser. Estamos muito ocupadas (inconscientemente) esperando não ser rejeitadas ou destroçadas.

Além da programação para evitar a rejeição, temos outro instinto de sobrevivência: a resposta de luta, fuga ou congelamento, um sistema automático gravado no nosso corpo para nos proteger daquilo que encaramos como ameaças (por exemplo, um bando de animais selvagens ou uma tribo hostil). Graças a essa reação, assim que percebemos um possível perigo, ocorre a liberação de cortisol e adrenalina na corrente sanguínea. Nossa respiração acelera para aumentar a entrada de oxigênio. Nossas pupilas se dilatam para receber mais luz e identificarmos melhor o perigo. O fluxo sanguíneo é desviado do estômago e das extremidades para os músculos maiores das coxas e dos braços em preparação para lutar, fugir ou ficar imóvel. É um sistema de autoproteção requintado e muito útil se o perigo for de fato uma ameaça à vida. Como a probabilidade de sermos atacados por um tigre-dentes-de-sabre caminhando pelo nosso bairro é zero, a questão é: o que acontece quando lutar, fugir ou congelar ainda é o nosso instinto inconsciente, fazendo a gente andar por aí como se corresse sempre risco de vida, mesmo que isso não seja verdade? Ao que tudo indica, muita coisa.

A escritora e terapeuta Harper West observou que, nos tempos modernos, a reação de luta, fuga ou congelamento é mais comum em resposta a ameaças emocionais, como rejeição, crítica e julgamento dos outros. Como os humanos são criaturas sociais, a ideia de sermos tratadas com desprezo em relacionamentos e interações interpessoais carrega um peso intolerável. Esse peso se manifesta sob a forma de um risco de vida imaginário e um estado constante de medo e hipervigilância. Pesquisas da Faculdade de Medicina de Harvard mostraram que a ativação recorrente da reação ao estresse impacta a saúde física. Há indícios de que o estresse crônico contribui para quadros de pressão alta, entre outras condições, e causa mudanças na química cerebral que podem desencadear ansiedade, depressão e vício.

Cada pessoa tem uma relação única com o estresse. Algumas reagem de maneira exagerada a situações relativamente inofensivas, como um engarrafamento ou conflitos no trabalho ou em relacionamentos. Todas nós temos aquele amigo (ou parente) que está sempre projetando um futuro catastrófico, presumindo e se preparando para o pior, tudo coisa da cabeça dele. Mas o corpo dessa pessoa não percebeu que o perigo é falso e liberou os hormônios do estresse mesmo assim. Em muitos casos, o medo se torna um hábito, uma reação automática, mesmo quando não se justifica. Isso acontece porque a intensidade dessas respostas emocionais pré-programadas pode ignorar o bom senso.

Ainda bem que podemos fazer alguma coisa a esse respeito. Você pode frear essa resposta inconsciente ao estresse tomando consciência dessa reação e adotando hábitos diários consistentes para aumentar o bem-estar. Uma boa rotina de sono, exercícios físicos e práticas de atenção plena, como meditação e técnicas de respiração, podem mitigar os sintomas físicos. Você talvez fique chocada com o poder calmante de um simples exercício de respiração realizado por cinco minutos.

Hábitos diários saudáveis também geram clareza mental. Isso é essencial, porque o estresse contínuo afeta nossa capacidade de avaliar situações com precisão. Por exemplo, sob estresse você talvez grite com sua melhor amiga (luta), sendo que uma conversa direta resolveria o problema. Ou talvez saia de fininho antes do fim de uma conferência porque tem pavor de conversas superficiais (fuga). Ou se o rapaz da contabilidade disser algo inconveniente, talvez você tenha um branco e não consiga reagir (congelamento). Esse estado de autoproteção hipervigilante é muito comum entre as mulheres e pode ser um obstáculo significativo para estabelecer limites funcionais. (Vamos explorar uma técnica eficaz para superar a reação de congelamento no capítulo 9.)

Em todas essas situações, quanto maior o nosso medo da rejeição, menos provável é que expressemos nossas opiniões. E isso é compreensível: respirar é mais importante que ser compreendida.

Essa resposta aguda ao estresse também pode criar uma resistência à tomada de consciência.

> **SUA VEZ:**
> **Técnica de respiração 4 x 4**
>
> Esta é uma técnica de respiração que uso o tempo todo. Leva poucos minutos, então você pode praticá-la em qualquer lugar para gerar uma sensação instantânea de calma. Reserve um minuto para aprendê-la agora mesmo. É bem fácil.
> Aqui está o passo a passo:
>
> 1. Sente-se confortavelmente em uma cadeira com as mãos nas coxas, as palmas viradas para cima.
>
> 2. Inspire contando até quatro.
>
> 3. Prenda o ar contando até quatro.
>
> 4. Expire contando até quatro.
>
> 5. Espere contando até quatro.
>
> 6. Repita esse processo até completar quatro rodadas.
>
> Ahhh! Bem melhor. Use esta prática rápida para aliviar o estresse sempre que precisar.

Tive uma cliente, Beth, funcionária de um banco, que, mesmo relutante, aderiu ao plano do marido para desviar dinheiro de contas de pessoas falecidas que não tinham herdeiros. Embora nunca tivesse infringido a lei antes desse plano capenga, Beth se tornou cúmplice do marido e acabou na prisão. A ameaça da rejeição do companheiro era tão grande que ela abandonou seus valores morais. Esse é um exemplo extremo de como o medo da rejeição pode levar a um comportamento autodestrutivo. Em última análise, Beth, como todos nós, é responsável pela escolha que fez, independentemente dos fatores inconscientes que guiaram essa escolha.

> **PAPO RETO** *A reação de luta, fuga ou congelamento é o sistema de proteção gravado no seu corpo que pode ser ativado por ameaças emocionais, como críticas, rejeição e agressões, ofuscando a percepção e o bom senso.*

Se você reagir a ameaças percebidas ignorando, atacando ou fugindo, isso vai inibir sua capacidade de estabelecer limites eficazes e transparentes. Ao tomar consciência de qual é a sua reação dominante (luta, fuga ou congelamento) e como isso afeta sua vida, é mais fácil se conectar com o que há de melhor em você e tomar as rédeas da situação. Lembre-se: o autoconhecimento fornece dados reais sobre o que mais necessita da sua atenção. Ao confrontar seus próprios medos de rejeição e reconhecer em que ocasiões costuma lutar, fugir ou congelar, vai ficando mais claro por que você não consegue estabelecer limites saudáveis em todas as áreas de sua vida. Fazer isso é muito mais fácil quando descartamos a ilusão inconsciente de que estamos lutando pela nossa sobrevivência.

No caso de Esther, nosso trabalho em conjunto a ajudou a perceber que a decepção e o julgamento dos pais pela carreira que ela havia escolhido pareciam uma questão de vida ou morte. Essa ameaça percebida contribuía de modo significativo para o sofrimento emocional que alimentava seu vício em trabalho. Esse vício, por sua vez, exacerbava os sintomas físicos. No piloto automático da codependência de alto rendimento, ela acreditava inconscientemente que, se fosse bem-sucedida o bastante na área que tinha escolhido, em algum momento os pais aceitariam sua decisão e ficariam orgulhosos. (Subtexto: ela não seria expulsa do bando, evitando a rejeição ou a aniquilação).

Entender que por trás do ímpeto profissional havia mais do que a pura ambição de progredir na carreira levou a uma mudança radical de percepção, que permitiu a Esther examinar seu medo do fracasso e da rejeição. Identificar esses medos fez com que eles não tivessem mais tanto poder sobre ela. Isso nos deu a oportunidade de questionar algumas de suas crenças limitantes, a começar pela afirmação de que, sem a aprovação dos pais, ela nunca poderia ser feliz. Esther saiu dessa sessão reveladora sentindo-se energizada, aliviada e empolgada com as novas possibilidades.

Ao longo do tempo, ela entendeu que podia aceitar o que os pais desejavam para ela e *ainda assim* ficar feliz com suas escolhas. Na verdade, Esther se sentiu orgulhosa. Aceitou a ideia de que não precisava do próximo emprego disputado para se sentir bem consigo mesma. Reconheceu que ser amorosa e respeitosa não era sinônimo de obediência total ou de autoabandono.

Também reunimos informações valiosas sobre como ela realmente se sentia a respeito do namoro (nem tão bem assim). Conforme foi identificando as manifestações do medo de ser rejeitada, em especial pelo companheiro, Esther foi recuando e, aos poucos, passou a ocupar apenas o posto de namorada, em vez de namorada/mãe substituta/empresária.

Comunicação eficaz e ineficaz

No centro dos limites pessoais está a coragem de dizer a verdade. Para codependentes de alto rendimento, um grande obstáculo para falar com sinceridade é estar desconectada dos próprios sentimentos autênticos, como discutimos anteriormente. É aí que entra a consciência que estamos construindo agora. A próxima etapa dessa nova consciência é uma pequena cartilha sobre comunicação.

Assim como sua relação com os limites se baseia no que você testemunhou e vivenciou quando criança, o aprendizado sobre como se comunicar vem do estilo e da cultura da sua família de origem. Diferentes culturas têm diferentes acordos (explícitos ou tácitos) sobre quais assuntos são permitidos ou proibidos.

Cresci em uma família branca, anglo-saxã e protestante que praticamente evitava qualquer tema espinhoso. Muitas vezes, a tensão no ambiente era aliviada com uma frase inofensiva como "Você quer ovos cozidos ou mexidos?" ou "Que dia lindo, né?". O resultado é que muitos sentimentos eram esmagados nesse processo.

Dos 20 aos 30 anos, eu ficava frustradíssima quando meu namorado não conseguia ler meus pensamentos. Presumia que essa falta de telepatia significava que ele não me amava. Mas a verdade é que estava frustrada porque *eu* não sabia como me expressar adequadamente. Então colocava a culpa nele e, como era uma codependente de alto rendimento, meu ressentimento ia se acumulando. Em dado momento, eu soube que precisava tomar a decisão de me comunicar melhor, independentemente do que meu namorado ou qualquer outra pessoa estivesse fazendo. Espero que você também esteja pronta para tomar essa decisão. Como gosto de dizer (fazendo alusão a Gandhi): "Seja a mudança que você quer ver *nos seus relacionamentos*."

Na verdade, existem apenas dois tipos de comunicação: eficaz e ineficaz. Se o seu objetivo for estabelecer limites saudáveis, a comunicação eficaz é uma ferramenta indispensável. Outras habilidades, como inteligência emocional, percepção e empatia, são importantes, mas a comunicação eficaz está no topo da lista. Ela representa os tijolos e o cimento que vamos usar para construir seu castelo de limites saudáveis.

Comecemos pela comunicação ineficaz. Você já disse "Com certeza!" enquanto pensava "Por quêêê?", deixando que sua linguagem corporal expressasse sua frustração? Como seres humanos, precisamos ser compreendidos. Se não for capaz usar uma linguagem direta (isso é ameaçador demais!) para transmitir uma mensagem, você vai encontrar outros jeitos de fazer isso.

O comportamento passivo-agressivo (a expressão indireta da raiva) talvez seja uma das formas mais destrutivas de comunicação velada. Eu me refiro a bater portas, ser sarcástica, dar suspiros profundos, revirar os olhos e cortar a conversa (e, sim, dar respostas hostis e monossilábicas também). Você já viajou para o sul dos Estados Unidos? Lá os comportamentos passivo-agressivos aceitos pela sociedade compõem quase um dialeto próprio. Por exemplo, acrescentar "coitadinho" no final de um esculacho completo costuma significar *Ele é um idiota/desastre/ninguém quer saber dele/tem o QI emocional de um sapato*. Mesmo tendo sido criada no estilo agressivo mais direto do Nordeste americano, do tipo "Você está de brincadeira com a minha cara?", até eu consigo perceber que "coitadinho" não é nem de longe uma expressão de compaixão.

A comunicação ineficaz é indireta. Você pode ser passiva, tímida, enigmática ou reservada. Pode ser raivosa, antagônica, intimidadora ou agressiva. Seja qual for a roupagem, você não está dizendo o que quer de uma maneira que possa ser de fato entendida pelo outro. Em geral, isso faz as pessoas se sentirem perplexas, irritadas e incompreendidas. Quando a comunicação ineficaz entra em cena, as conversas podem se transformar em um show de horrores. Uma ou ambas as partes acabam sentindo que precisam decodificar as mensagens criptografadas do outro sem saber o código. Nenhum dos dois sai ganhando.

Se você se enxerga em algum desses exemplos, anime-se. Não existe ninguém que tenha uma comunicação 100% eficaz ou ineficaz. Mas, assim como fazer um bolo de chocolate de três camadas, citar corretamente um artigo científico ou dançar salsa, as habilidades para se comunicar com eficiência podem ser aprendidas. (Se quiser uma amostra, o capítulo 10 oferece roteiros da vida real para ajudá-la a se sentir mais confiante para dizer exatamente o que quer.)

A comunicação eficaz vai direto ao ponto, não deixando margem para dúvidas. Você é assertiva, mas não agressiva ou passiva. Vai perdendo o medo de falar o que quer e consegue fazer pedidos simples. Por exemplo: "Eu gostaria que a senhora parasse de me interromper, tia Milly." Você pode pedir, digamos, um dia de folga em um tom amigável e alegre. Não esconde o que realmente quer atrás de milhares de "me desculpe" nem fica enrolando sem falar o que deseja de fato. Acima de tudo, você se conecta com suas reações genuínas a tudo o que acontece na sua vida e consegue expressá-las, se quiser.

Com a comunicação eficaz, o diálogo precisa ser uma via de mão dupla. Aprender a ouvir com presença e interesse é *crucial*. Preste atenção às necessidades e perspectivas do outro, em vez de apenas esperar o momento de expor o seu ponto de vista. Todas nós conhecemos uma pessoa do tipo que está só esperando você ficar em silêncio para começar a tagarelar. Ela não absorve de verdade o que você diz, porque está pensando na próxima frase impactante que vai soltar. Para uma comunicação eficaz, você precisa conhecer seus sentimentos e aprender a ser responsiva, e não reativa. Quando isso acontece, a vida se abre de formas que você talvez nunca tenha esperado.

Vindo à tona

Durante nosso tempo juntas, Esther se conectou mais com seus verdadeiros sentimentos e percebeu que vinha se comunicando de maneira ineficaz com o namorado. Ela não tinha falado que não queria sempre pagar a conta, salvá-lo ou servir de terapeuta. Em vez disso, tinha se acostumado a expressar o descontentamento revirando os olhos de um jeito hostil, suspirando, mudando de assunto e deixando de ouvi-lo quando ele se sentia triste por não conseguir um trabalho como ator.

Como a mente de Esther estava programada para resolver os problemas dos outros, ela muitas vezes o interrompia, assumindo uma postura de falsa autoridade. (Ela sabia muito pouco sobre atuação.) De modo inconsciente, Esther precisava se sentir necessária. Seu excesso de esforço era alimentado por seu desconforto diante do desconhecido e pela dor do autoabandono.

Quando entendeu o próprio comportamento, ela conquistou mais facilidade para se expressar. O namorado ficou incomodado com a nova dinâmica (reação que tem a ver com um conceito que vamos abordar mais a fundo no capítulo 7). Mas, por fim, ter mais consciência do próprio comportamento e expressar suas necessidades com clareza abriu mais espaço para que Esther respeitasse o parceiro. Sua postura menos controladora também permitiu que o namorado desse passos que beneficiaram não apenas o relacionamento dos dois, mas também a vida dele.

Para Esther, tornar-se uma agente de mudanças positivas na própria vida gerou uma vasta gama de emoções. Em momentos diferentes, ela se sentiu surpresa, aliviada, frustrada e esperançosa. Comparou o processo a "limpar as portas da percepção", referindo-se a uma citação do poeta William Blake.

Abandonar a segurança da codependência de alto rendimento exige garra, coragem e um desejo de tomar as rédeas da própria vida. (Gosto de dizer que esse trabalho não é para os fracos!) Pode parecer uma espécie de acerto de contas. Mas é fato que a maioria de nós já deveria ter feito isso há bastante tempo (tipo... desde que éramos crianças).

Falar a verdade pode parecer um desafio muito grande neste exato momento. Seus medos são completamente normais, mas, no fim das contas, o resultado vai superar em muito qualquer sentimento de apreensão que possa surgir. Ao reconfigurar seus limites, você cria um mundo novo e mais colorido. Como disse certa vez a ativista dos direitos civis e poeta Audre Lorde: "Quando ouso ser poderosa e coloco minha força a serviço da minha visão, o medo que posso estar sentindo fica cada vez menos importante."

Beba uma água, tome um banho revigorante e nos vemos no próximo capítulo. Nele, vamos examinar mais a fundo os dados corrompidos sobre limites que estão atrapalhando a sua evolução.

Estou com você.

E você consegue.

ENTRE EM AÇÃO

1. **Lembrete mental.** Observe se você automaticamente dá conselhos, se sente impelida a preencher o silêncio em uma conversa ou se comunica de forma indireta.

2. **Vá mais fundo: avaliação do trabalho emocional.** Quanto trabalho invisível, não remunerado e exaustivo *você* faz? Vá para a página 219, na seção "Vá mais fundo" do fim do livro, e descubra em que situações você talvez esteja fazendo mais do que a parte que lhe cabe, e quem se beneficia disso.

CAPÍTULO 4

Dados corrompidos sobre limites

O QUE NÃO SABEMOS PODE nos machucar.

Foi o que aconteceu com Rachel, que me procurou para descobrir por que tinha a sensação de que sua vida não avançava. Ela trabalhava como designer gráfica freelancer fazia anos, e não faltavam clientes, mas ela sentia que podia fazer mais. Rachel tinha vários projetos pessoais em mente, só que não conseguia encontrar tempo para trabalhar neles. Sua vida amorosa se resumia a uma série de casos rápidos que começavam intensos, mas acabavam em implosões gigantescas e inevitáveis. Quando começou a terapia, ela estava em um relacionamento tóxico e inconstante com um homem que não tinha a menor disponibilidade emocional. Volta e meia ele viajava sem avisar, muitas vezes após os dois chegarem a um novo grau de conexão intensa.

Rachel dizia a si mesma que estava bom assim. Perfeccionista, ela acreditava que só seria digna de um relacionamento quando alcançasse maior sucesso profissional. O fato de o namorado ioiô dela ser rico apenas reforçava sua crença (leia-se: pânico) de que deveria atingir certo patamar financeiro e profissional para só então assumir um compromisso verdadeiro. Como ele não estava 100% disponível, Rachel tinha mais tempo para correr atrás de segurança financeira. Ela dizia a si mesma (e a mim) que o vínculo emocional com o namorado era o suficiente.

Rachel expôs essa teoria com segurança. Ficou claro que vinha desenvolvendo aquele discurso havia algum tempo.

– Como você se sente quando seu namorado some? – perguntei.
– Chateada – respondeu ela, olhando para baixo.
– E quando ele volta? Você diz a ele como se sentiu? – indaguei.

Ela fez que não. Rachel tinha uma tendência a marinar esses sentimentos, conversar obsessivamente sobre o relacionamento com as amigas e fazer seis aulas de ioga por semana. Então, quando o via de novo, ela agia como se estivesse tudo bem.

– Mas, às vezes, quando fica demais para mim, acabo tendo uns surtos emocionais – admitiu.

Ela não expressava raiva nesses momentos, mas tristeza. O namorado sempre parecia empático, mas nunca mudava o comportamento. Apesar de estar profundamente envolvida nessa dinâmica nada saudável, Rachel também sabia que precisava mudar a si mesma. Para isso, seria necessário partir em uma espécie de expedição até o porão psíquico dela, para bisbilhotar os cantos e abrir seu Mapa de Limites.

O Mapa de Limites

Muitas vezes, quando nos perdemos no inferno dos limites desajustados (e, sim, é um *inferno*), não percebemos que nosso Mapa de Limites está direcionando nossas crenças e nossos desejos como adultos. Pense no seu mapa como a planta arquitetônica de uma casa que você não projetou.

Para ter plenos poderes sobre sua própria vida, é *crucial* desconstruir crenças herdadas que se enraizaram durante a infância. Esse acervo, em geral inconsciente, influencia todos os aspectos das suas experiências – uma influência muitas vezes negativa. Sem tomar consciência disso e mudar nossos comportamentos, repetimos o que vimos e intuímos nos nossos primeiros anos (isso é um padrão repetitivo de limites, tema do capítulo 5).

Isso faz todo o sentido. As crianças observam, aprendem e absorvem informações de seu ambiente. Elas veem como seus pais agem e recebem uma mensagem clara: *é assim que devemos nos relacionar neste mundo.* Essa informação se torna a referência de como se comportar e no que acreditar.

Como adultos, entendemos que a maioria dos pais faz o melhor que pode, mas também reconhecemos que os limites e a ignorância dos nossos genitores podem ter criado experiências e crenças nocivas. Mesmo que queiram o melhor para os filhos, nem sempre eles dispõem das ferramentas necessárias para tornar isso realidade.

Os seus pais também absorveram um Mapa de Limites dos pais *deles*. Mapas de Limites, assim como receitas de família e tradições, costumam ser passados de geração a geração. Se não for revisto, esse legado molda a nossa vida no presente.

O aspecto mais importante desse processo de escavação é entender que *outra pessoa desenhou* o seu mapa há décadas, se não há séculos. Releia a última frase e reflita. Muitos de nós andamos por aí definindo nossos limites com base em dados *antiquíssimos*. Sim, mapas ancestrais estão alimentando seus desafios para impor limites e se comunicar *hoje*.

> **PAPO RETO** *O seu Mapa de Limites reflete as suas experiências de infância, assim como crenças familiares e culturais passadas de geração em geração, que regem inconscientemente o seu comportamento hoje em dia.*

Entendendo a resistência

Rachel não estava muito animada para desempacotar as caixas empoeiradas no porão de sua psique. Quando perguntei como seus pais se comunicavam e estabeleciam limites, ela demonstrou certa resistência.

– Bem, eles não eram bons em nenhuma das duas coisas, mas, se eu começar a falar sobre isso, vamos passar anos aqui – disse ela, revirando os olhos.

SUA VEZ:
Qual é o seu Mapa de Limites?

Lembra do porão empoeirado? Para se alfabetizar em limites, é preciso localizar as experiências da infância que moldaram o seu mapa. Vasculhar materiais ocultos do porão (seu inconsciente) e trazê-los para a sala (sua mente consciente) permite ver com clareza e mudar as coisas.

Vamos refletir:

- Pense no lar onde você cresceu. As pessoas recebiam permissão para ter pensamentos, conversas e relacionamentos privados?

- Você tinha permissão ou incentivo para expressar suas ideias e sentimentos, em especial se fossem diferentes do restante da família?

- Quando havia conflitos, os membros da família conversavam com calma ou gritavam uns com os outros? Ou não falavam nada?

Refletir sobre essas questões traça um retrato parcial dos seus limites na infância. Isso é útil, mas o objetivo é enxergar o quadro inteiro. O exercício completo do Mapa de Limites é uma das tarefas fundamentais da sua jornada. Então, quando acabar este capítulo, pegue uma xícara de chá, se acomode no seu Recanto Zen e mãos à obra. O exercício de aprofundamento está na página 221, no final do livro.

Antes de guiar Rachel na investigação sobre os limites que herdou, eu precisava convencê-la de que ligar os pontos entre o passado e o presente seria benéfico (e não levaria anos). Tínhamos que identificar a ferida de origem que havia plantado a semente da sua situação amorosa atual. Mas, antes disso, era necessário superar a resistência ferrenha de Rachel.

A resistência emocional alimenta a autossabotagem. Vejo isso o tempo todo. As pacientes entram, entusiasmadas com a possibilidade de uma mudança, mas desistem antes de tomar as atitudes necessárias para alcançar suas metas. Você pode pensar: "Por que alguém deixaria de fazer coisas que vão trazer liberdade, alegria e satisfação?" Bem, a resistência emocional nos ajuda a evitar o desconforto de uma transformação pessoal consciente. Esse instinto não nos torna erradas, más ou piores que ninguém. Ele é simplesmente *humano*.

O desconhecido é assustador, e é isso que enfrentamos quando decidimos transcender os padrões, crenças e comportamentos que nos aprisionam. Por isso, usamos todo tipo de racionalização para *não* fazer o que juramos que queremos fazer. Por exemplo, se você resiste a estabelecer limites saudáveis, pode ser que empreste o seu exemplar deste livro a uma amiga que você acha que precisa mais dele que você. (Codependência como forma de se esquivar – muito esperto da sua parte!) Ou talvez você se envolva em alguma confusão que não tem nada a ver com você, só para evitar aquilo que sabe muito bem que deveria estar fazendo, por si mesma e pela sua vida.

PAPO RETO *A resistência emocional alimenta a autossabotagem. É uma forma inconsciente de evitar o desconforto que a mudança consciente e a transformação pessoal podem provocar.*

Entendendo os ganhos secundários

A resistência de Rachel tinha raízes profundas, então senti que incentivá-la a ter mais curiosidade sobre os próprios sentimentos não seria o suficiente para ajudá-la a sair do lugar. Precisávamos identificar os *ganhos secundários* dela, ou as formas como ela se "beneficiava" da própria autossabotagem.

Depois de um mês, eu disse:

– Vou fazer uma pergunta que pode parecer estranha, mas confie em mim. O que você ganha com essa dinâmica de não confrontar o seu namorado sobre a ausência dele?

Rachel me encarou fixamente. *Hein?*

– Vou ser mais específica. O você consegue *não* sentir, encarar ou sofrer com isso? – perguntei.

Ela refletiu por alguns segundos e respondeu:

– Bom, eu consigo evitar o conflito. Evito o desconforto de começar uma conversa com a qual não sei lidar.

Ficou claro que ela não queria se sentir vulnerável – algo indispensável para ter uma conversa honesta com o namorado. Rachel não se sentia preparada para perguntar por que ele sumia por dias ou até semanas, reaparecendo como se nada tivesse acontecido. Então, na verdade, ela estava se protegendo da dor de encarar que se sentia desimportante e descartada. Suspeitei que essa dor espelhasse alguma dor inexplorada de sua infância.

Ganhos secundários são os benefícios *não óbvios* de padrões comportamentais prejudiciais. No caso dos ganhos primários, o benefício de determinada ação é claro, como ir à academia para ter um pico de endorfina. Ganhos secundários, porém, se escondem numa camada mais profunda da psique e costumam ser inconscientes. Por exemplo, uma mulher em um casamento infeliz pode cultivar seu hábito diário de "vinhoterapia" (apesar de se sentir péssima nas outras horas do dia) para entorpecer sentimentos de desespero e desamparo. Nenhum esforço no mundo ajudará você a seguir em frente antes que tome consciência e investigue como se "beneficia" de comportamentos disfuncionais ou, mais especificamente, de quais sentimentos e experiências o ganho secundário a protege.

Não é de surpreender que os ganhos secundários sejam um dos principais motivos pelos quais as pessoas se prendem a relacionamentos disfuncionais e padrões nada saudáveis de limites e comunicação. Felizmente, trazer os ganhos secundários à tona pode ajudar você a parar de resistir.

PAPO RETO *Pergunte-se o que você evita sentir, encarar ou vivenciar se permanecer no mesmo lugar. Isso vai revelar o benefício oculto da situação atual. Essa pergunta é uma ferramenta poderosa para superar a resistência.*

Sem dúvida, isso se aplicava a Rachel. Quando começou a entender os benefícios de não fazer nada a respeito do namorado, ela sentiu certo alívio. Admitiu que andava se culpando pela própria situação, sentindo que havia algo profundamente errado com ela por continuar naquele relacionamento que, seu bom senso lhe dizia, não era bom. Entender que ela não era o único ser humano tentando se proteger daquela forma equivocada fez com que Rachel sentisse mais compaixão por si mesma. Essa pequena vitória não foi tão pequena assim.

A dor é o *principal* propulsor da mudança. Então, se seus ganhos secundários a protegerem de emoções dolorosas, adivinhe só? Você não vai ter o ímpeto de mudar.

Níveis aceitáveis de consumo de álcool, de trabalho ou de exercícios (comportamentos que chamo de *vícios ocultos*) costumam impedir o crescimento pessoal, mas servem para evitar a dor emocional. Tais comportamentos abafam as emoções que não queremos sentir. Ainda que esses vícios ocultos não levem imediatamente (ou talvez nunca levem) aos desfechos desastrosos que os vícios mais pesados costumam gerar, eles promovem confusão emocional em vez da clareza, e isso bloqueia o nosso crescimento. Além de atenuar a dor que poderia nos motivar a estabelecer limites saudáveis, esses comportamentos disfuncionais acabam criando outras dores (como problemas de saúde ou confusões causadas pela embriaguez) que ocupam nosso espaço mental e drenam nossa energia. Se você passar o tempo todo apagando os incêndios que seu inconsciente provocou para distraí-la do verdadeiro problema, não sobra muito espaço mental para entrar no porão.

PAPO RETO *Vícios ocultos são comportamentos que abafam nossas emoções e criam distrações que nos mantêm em situações disfuncionais, porém familiares.*

Com a terapia, Rachel se tornou mais consciente de seus benefícios secundários, bem como de seu vício oculto em aulas de ioga, às quais nunca faltava, acontecesse o que acontecesse. Agora sim estávamos chegando a algum lugar.

De volta ao porão

Elevar a consciência abriu a porta do porão para Rachel. Aos poucos, ela começou a revelar o que viveu e testemunhou quando criança. Seu pai, um advogado respeitado, controlava as finanças, o que dava a ele grande poder no relacionamento com a mãe dela. Muitas vezes, a mãe tinha que implorar por dinheiro para compras básicas ou uniformes escolares para as crianças. Essa disputa financeira/de poder acontecia diariamente: a cada manhã, antes de o pai sair para o trabalho, a mãe tinha que justificar por que precisaria de dinheiro. Rachel se lembrou que pensava: *Isso nunca vai acontecer comigo.*

Esse conflito chegou ao auge quando a mãe levou Rachel ao escritório do pai e fez um escândalo na frente dos clientes dele. "A gente precisa colocar carpete na casa! Como você pôde trocar os carpetes daqui, mas não do lar da sua família?", gritava.

O descontrole da mãe era tal que os clientes tiveram que ir embora. No entanto, quando a família se reuniu para jantar mais tarde, tudo que o pai disse foi: "As costeletas estão uma delícia, querida."

Ninguém deu um pio sobre o escândalo que tinha acontecido naquele mesmo dia. Aliás, nem sobre os carpetes. O silêncio em torno dos eventos pode levar as crianças a internalizarem a disfunção e também, às vezes, a pensarem que deve ter algo de errado com *elas*, já que os pais agem como se aquele comportamento nocivo fosse normal ou como se nada tivesse acontecido.

Esse retrato da infância de Rachel indica como os pais dela estavam despreparados para lidar com conflitos ou resolver problemas de modo eficaz. O modelo deles – ignorar, negar e, então, explodir – é comum em famílias nas quais há abuso, vício ou simplesmente uma comunicação falha.

Muitas famílias passam aos filhos algumas informações muito equivocadas sobre limites interpessoais. O resultado é que eles aprendem: É isso que as pessoas fazem. *É assim que eu devo fazer.* Como adultos, involuntariamente construímos nossas vidas e relacionamentos com essas informações corrompidas.

Depois de acessar esse acervo inconsciente, ficou fácil para Rachel enxergar por que a situação com o namorado era tão familiar. Mergulhar nas partes mais difíceis da infância foi doloroso. Mas, após perceber que não fazer nada seria pior que enfrentar a verdade, Rachel se permitiu chorar baldes, no meu consultório e em casa.

As lágrimas trouxeram clareza. Assim como ocorria com a mãe, as necessidades de Rachel não estavam sendo supridas e de vez em quando ela explodia, mas o namorado não mudava o comportamento. O ganho secundário da mãe ao evitar conflitos saudáveis era não correr o risco de ter que criar os filhos sozinha e sem dinheiro. Assim como a mãe, Rachel tolerava muita coisa por ter medo e, então, estourava quando as emoções se tornavam insuportáveis. Assim como a mãe, ela se sentia desamparada e ignorava o comportamento terrível do namorado porque se sentia impotente, em especial no terreno financeiro.

PAPO RETO *Examinar o seu Mapa de Limites permite que você descarte padrões disfuncionais inconscientes para criar, de modo consciente, um modelo melhor para se relacionar consigo mesma, com os outros e com o mundo.*

Agora que entendia melhor o próprio Mapa de Limites, Rachel estava entusiasmada e pronta para desenhar um novo mapa com base no futuro que desejava, e não no passado da família.

Bloqueios sorrateiros de limites

Agora que você está familiarizada com o Mapa de Limites, vamos dar uma olhada em algumas das manifestações mais comuns dos padrões disfuncionais de limites na vida cotidiana.

Tem cordão de isolamento na sua área VIP?

Pare por um minuto e pense nas pessoas para quem você mais se doa. Aquelas por quem você faz qualquer coisa, só para agradá-las. E, mais importante, se pergunte por que age assim.

A sua sala VIP representa um lugar sagrado no seu coração, na sua mente e na sua vida, e é (ou deveria ser) reservada para conexões que agregam valor – que nutrem, revigoram e energizam. A verdade é: nem todo mundo merece estar lá! Em relações dignas de um passe VIP deve existir reciprocidade, respeito e um nível saudável de concessão. Seus VIPs não precisam ser perfeitos. Eles são humanos, como você, mas com certeza não devem fazer você se sentir esgotada, usada ou abusada o tempo todo.

No entanto, se você sofre da síndrome da boazinha, pode ser que tenha sido influenciada por um mapa inconsciente que *exige* que todos os membros da sua família tenham acesso à sua sala VIP. Ou os amigos da escola. Ou ex-namorados. Ou aquelas amigas que mais parecem rivais. Ou *qualquer um* que acredite merecer entrar lá. Aí você fica sem segurança na porta, sem cordão de isolamento e provavelmente sem paz interior, também.

Algumas pessoas acham que merecem acesso 24 horas e, se você sofrer de codependência de alto rendimento, falar a verdade na cara delas não é sua reação usual. Talvez você tenha uma amiga que liga a qualquer hora para receber aquele colo que só você sabe dar toda vez que algo na vida dela dá errado. Você escuta a contragosto, com um nó no estômago, e depois conta para alguém que *é* VIP de verdade: "Não acredito que ela me ligou tão tarde de novo! Quem faz isso? Por quê?"

Sério, não faz diferença saber por que ela ligou pela milionésima vez. Não devemos nos preocupar com os *porquês* dos outros. Afinal, as pessoas *podem* (e *vão*) pedir e esperar coisas ridículas de nós. Isso só será problema seu se você deixar. Concentrar-se nisso não passa de uma distração. Volte seu foco para dentro.

Tornar-se dona dos próprios limites significa ter curiosidade sobre os *próprios* porquês. Neste caso, a verdadeira pergunta é: *Por que você continua atendendo o telefone?*

A sua sala VIP é baseada nos seus valores, na sua integridade e nos seus pontos inegociáveis. Se você tem um amigo que se envolve em negócios escusos e descumpre a lei, sendo que honestidade e retidão são importantes para você, pergunte-se o seguinte: *Essa pessoa cumpre os requisitos para entrar na minha sala VIP?* É provável que a resposta seja não.

Você talvez tenha ideias sólidas de lealdade ou devoção à família, o que é normal. Mas se sua mãe, seu pai, sua irmã ou seja lá quem for não merecer sua confiança ou respeito, você tem o direito de impor um limite. Na verdade, tem a obrigação *consigo mesma* de assegurar que ninguém passe pelo cordão de isolamento sem a sua permissão explícita.

Com limites saudáveis, você consegue diferenciar claramente as pessoas de alta e baixa prioridade. Pode parecer frio, mas a verdade é que não é possível nem adequado dar prioridade alta para todo mundo na sua vida. Quando você passa tempo com alguém, isso a energiza ou a esgota? Você anseia por isso ou meio que odeia? Que relacionamentos parecem mais uma obrigação do que uma escolha? As respostas a essas perguntas devem definir o acesso dessas pessoas a você, a sua vida, a sua energia e a seu precioso tempo.

Olha, você não precisa tomar grandes decisões agora (nem nunca!) se não quiser. Meu objetivo é que tenha total clareza de que é *você* que decide quem tem o enorme privilégio de fazer parte da sua vida. Pode cortar alguém da lista quando quiser. Não precisa excomungar ninguém – um parente, amigo ou colega de trabalho que vive pedindo coisas – de maneira dramática, a não ser que tenha vontade de fazer isso. Parte da jornada consiste em sair da mentalidade do eu condicionado (*Se eu não chamar minha prima para minha festa de aniversário, ela vai ficar tão chateada*) e entrar na mentalidade do eu empoderado e em crescimento (*Quem são as pessoas importantes com quem quero comemorar meu aniversário?*). Você tem escolhas. Se convidar sua prima para a festa de aniversário parecer uma obrigação, você não precisa chamá-la.

Você sempre diz sim?

Você se dedica aos outros por escolha? Ou será que "Claro!" é a sua resposta-padrão a qualquer solicitação? Se tiver escolhido a segunda opção, é provável que esteja dizendo sim automaticamente. Tudo que é automático é uma reação, e não uma escolha bem pensada. Chamo isso de "sim instantâneo". Imagine que tenham pedido para você organizar a campanha de arrecadação de fundos da turma do seu filho. Apesar de estar no meio de uma mudança e cuidando da sua mãe doente, sem tempo para nada, você diz sim. Como se não tivesse escolha.

Dizer sim sem refletir é o resultado de um condicionamento da vida toda. Você talvez se sinta uma pessoa muito influenciável, ou talvez os outros a vejam assim. Em geral, porém, é provável que você soubesse, no fundo do coração, que deveria ter dito não.

Acabar com o "sim instantâneo" é mais fácil do que você imagina. Tente interromper esse hábito inserindo um momento de silêncio no lugar dele.

Um momento de silêncio pode parecer o equivalente a não chamar os bombeiros no meio de um incêndio, mas, na verdade, você *merece* esse tempo. (Sem falar que não há incêndio algum.) Você não deve o seu sim imediato a *ninguém*. Aliás, não deve nem um sim demorado. Às vezes uma pausa e um simples "Vou pensar sobre isso" são tudo de que você precisa. Você pode se surpreender com a liberdade que vai sentir ao não concordar automaticamente com algo que vai contra os seus sentimentos.

Nesse exemplo, ganhar tempo interrompe o padrão enraizado, ajudando a abrir espaço para pensar no que você quer e em como se sente de verdade. Experimente! Custe o que custar, precisamos *parar* de fazer um monte de coisas que não queremos. Isso nos permite investir toda a nossa energia nas coisas que *queremos* fazer.

Você também pode experimentar o poder do silêncio de outras formas. Em vez de achar que preencher pausas desconfortáveis é tarefa sua, encare esses momentos como um tempo restaurador que pode ajudá-la a se conectar com os outros de maneira mais autêntica. Falar algo para evitar o silêncio pode parecer a melhor alternativa, mas também desperdiça uma oportunidade de se relacionar de maneira mais profunda e íntima. Se você se permitir alguns instantes de silêncio, pode se surpreender com tudo o que vai descobrir sobre si mesma e sobre as pessoas que a rodeiam.

PAPO RETO *Padrões disfuncionais de limites incluem não ser capaz de tomar decisões criteriosas sobre quem pode entrar na sua sala VIP e acomodar os outros sem antes considerar suas próprias necessidades, seus desejos e sentimentos.*

Você é excessivamente generosa?

A generosidade excessiva é a madrasta malvada do sim instantâneo. Uma pessoa excessivamente generosa sente que é dever dela se dedicar aos outros até ficar esgotada. Se você é uma codependente de alto rendimento, então com certeza sabe do que estamos falando aqui: se voluntariar para tudo, entregar pessoalmente uma cesta de presentes para um colega de trabalho no meio de uma crise sanitária, oferecer ajuda com uma tarefa profissional que não é responsabilidade sua – mas, poxa, você sente que aquela pessoa precisa de ajuda, então é melhor alguém capaz como você ir ao resgate dela.

Não é preciso ser uma codependente de alto rendimento para cair nessa armadilha de limites desajustados. Nós, mulheres, somos doutrinadas a ter certos comportamentos específicos. Se fôssemos ótimas mães, irmãs, filhas, *tudo para todos*, não teríamos qualquer senso de identidade. Daríamos conta de qualquer coisa que os outros resolvessem deixar nas nossas mãos e, além disso, nos meteríamos nas questões dos outros – muitas vezes, de modo inadequado – sob o pretexto de sermos generosas e gentis. Eu também costumava me esforçar e me doar em excesso, então entendo. Colocar as necessidades dos outros acima das nossas faz de nós pessoas boas, não é? Acontece que esse pensamento está equivocado.

Na próxima vez que sentir essa necessidade, se pergunte: *Estou me dedicando por amor, por medo ou por necessidade?* Como uma mulher estável e bem-sucedida, você talvez resista à ideia de se ver como uma pessoa receosa ou carente. Porém, em muitos casos, é exatamente isso que essa suposta generosidade esconde. Talvez tenha medo de parecer insensível ou precise se sentir bem, calma e no controle. Ao se tornar indispensável, você busca uma sensação de segurança.

No entanto, depois de um tempo nesse caminho, essa aparente "gentileza" vai sumindo. Você começa a se sentir ressentida e talvez até *de saco cheio* da humanidade. *Essa gente egoísta, sempre me explorando!* (Estou brincando, mas o ressentimento pode se parecer muito com isso.) É bastante comum culparmos os outros por acharem que têm direito à nossa dedicação e, assim, nos esquivarmos de organizar nossos limites. Lembre-se: generosidade é amor; generosidade excessiva é disfunção.

A dedicação exagerada e outros comportamentos codependentes acabam fazendo a pessoa se sentir vazia, porque, no fim das contas, não sobra nada para ela. Você pode mesmo dizer que resolve problemas de um jeito construtivo se a sua solução-padrão para tudo na sua vida é *fazer mais coisas*? Não. Porque ninguém pode agir assim para sempre.

O caminho para sair desse ciclo infernal de autossabotagem é a meditação e o autocuidado. Para interromper esses padrões enraizados, pense em si mesma antes de pensar nos outros. Reflita sobre suas necessidades antes de se comprometer com alguém. Baseie suas decisões na sua energia disponível, em como você se sente e no status da pessoa: VIP ou não. Você consegue. É preciso treinar, mas você consegue. Então, seu "medidor de generosidade" será recalibrado, e se dedicar aos outros será uma atitude autêntica que trará uma sensação boa.

Você concorda agora, mas depois fica ressentida?

Você já concordou em fazer algo para ou com uma pessoa querida ou um colega e logo em seguida pensou: *Droga, por que aceitei fazer isso*? Esse é um ótimo jeito de cultivar o rancor. É uma estratégia limitada que evita o desconforto agora, mas causa problemas mais tarde.

Aqui vai um exemplo clássico. Certa vez, tive uma paciente de uma família pobre da zona rural que estava prestes a se casar com um magnata do mercado imobiliário de Manhattan. Ela se apaixonou de verdade, mas a família dele não estava feliz com o casamento. Eles a tratavam como uma interesseira. Ciente do que pensavam, minha paciente aceitou um acordo pré-nupcial com termos muito desfavoráveis a ela. "Tenho certeza de que vai dar tudo certo", disse. Ah, mas não deu. Não deu mesmo.

Dez anos, três crianças e várias traições (da parte dele) depois, as preces da família foram atendidas: o casamento ruiu, e ela ficou desprotegida. Não tinha direito a pensão, perdeu a casa e foi abandonada pela maioria dos "amigos" em comum. Por quê? Porque ela escolheu assinar o acordo para agradar a família dele, em vez de buscar o melhor para si mesma. Minha paciente fez isso com a esperança ingênua de que os familiares do marido enxergassem suas boas intenções e a amassem e aceitassem, mas isso nunca aconteceu.

Muitas vezes, quando concordamos com algo de imediato, cedemos à pressão, sem perceber (ou até meio que percebendo) que a história pode acabar mal. Às vezes, cedemos por medo de parecermos egoístas. Sabotamos nossos próprios interesses por acharmos que seremos mais valorizadas ou ficaremos em uma posição melhor.

Minha cliente não queria parecer gananciosa e, por isso, assinou o acordo. Precisamos repensar seriamente essa busca por aprovação, esse autoabandono descabido. Uma mulher que cuida de si mesma, prioriza os próprios pensamentos e emoções e reconhece um péssimo negócio logo de cara é Dona dos seus Limites. E isso é bom.

Você recusa ajuda?

"Não precisa, obrigada." Se essa frase soa familiar, pode ser que você esteja recusando ajuda, mesmo que alguém ofereça de coração. Em geral, quem é codependente de alto rendimento só pede ajuda se não tiver alternativa, ainda que precise muito. Se você responde "Não precisa, está tudo bem" para quase tudo, é hora de refletir.

Conheço bem esse hábito. Quando comecei a namorar meu marido, Vic, eu estava acostumada a fazer tudo o que precisava (e mais, até) sozinha. Ele sempre se oferecia para fazer coisas legais por mim, como comprar ingressos para a ópera antes de me buscar para eu não ter que pegar fila na chuva. Toda vez, eu dizia: "Ah, não precisa se preocupar." Não conseguia entender por que ele parecia tão decepcionado. Um dia minha mãe percebeu isso e me perguntou: "Por que você nega ao Vic a alegria de cuidar de você? Ele não *precisa* fazer nenhuma dessas coisas, Ter. Ele *quer* fazer."

Hum. Nunca tinha visto por esse ângulo.

Ela acrescentou: "Imagine que as ofertas dele são presentes embrulhados. Toda vez que você diz não, é como se jogasse o presente de volta na cara dele. Por favor, aprenda com meus erros. Se você nunca pedir ou aceitar ajuda e insistir em fazer tudo sozinha, um dia os presentes vão parar de chegar e você vai acabar solitária como eu."

Caramba.

As verdades da minha mãe me acertaram como um soco no estômago. Daquele momento em diante, comecei a aceitar e permitir a ajuda do Vic – e dos outros também. (Valeu, mãe.)

O seu trabalho é investigar por que recusa ou não pede ajuda. Pergunte a si mesma: *Por que não estou dizendo sim? Por que não estou pedindo o que preciso? Do que é que tenho medo?*

Muitas vezes, recusar ajuda é uma forma disfarçada de manter o controle. Você pode não querer ser um fardo, ficar em dívida com alguém ou se mostrar vulnerável. Isso pode se manifestar de várias formas. Você talvez fique tão apegada à autossuficiência que não deixa nem o taxista ajudá-la a pôr as malas pesadas no carro a caminho do aeroporto. Ou talvez se veja em meio a uma crise de saúde na família ou um problema no trabalho e simplesmente se feche, cuidando de tudo sozinha. Mas aí é que está: a vulnerabilidade saudável (ou a vulnerabilidade voluntária, que vamos abordar no capítulo 6) é a base da intimidade autêntica. Então tome consciência de todas as situações, relevantes ou nem tanto, em que você pode estar impedindo as pessoas de lhe estenderem a mão. Você merece que os outros conheçam suas necessidades e lhe deem apoio.

Você é adepta da positividade tóxica?

Já aconteceu de você contar algo doloroso a uma amiga e, independentemente dos seus sentimentos ou do seu tom de voz, ela responder com alguma versão de "Bom, tudo acontece por um motivo"? Aff. Esse é um exemplo da positividade tóxica, que é quando alguém responde a notícias desconfortáveis ou preocupantes com uma explicação forçada (como no exemplo anterior) ou uma afirmação leve, do tipo "Isso tudo vai passar".

Não me entenda mal. Ter uma perspectiva otimista autêntica sobre a vida é maravilhoso para a sua vibração energética. Essa é uma das ferramentas mais poderosas que utilizo para ser feliz. Mas usar a positividade para "consertar" algo que alguém lhe contou não é tarefa sua e faz de você uma má ouvinte.

A positividade tóxica é uma forma de negação, uma recusa ou incapacidade de encarar a realidade. Recorremos a ela quando não queremos lidar com emoções desconfortáveis. Qualquer pessoa que já passou por um divórcio, uma doença ou qualquer outro tipo de crise já ouviu respostas excessivamente positivas sobre a sua situação. Quando recebi meu primeiro diagnóstico de câncer, uma amiga disse: "Bom, essa é uma boa oportunidade para você explorar seu lado sombrio." *Não é bem minha reação-padrão a um problema de saúde como esse*, pensei. *Mas obrigada pela opinião que não pedi*. Apesar de não me opor à ideia de me conectar com meu lado sombrio, me incomodei com a insistência dela em se apropriar da minha narrativa só para *ela* poder sentir certo nível de controle.

Pode ser chato ter que aturar uma positividade tóxica e invasiva. Mas todos que fazem uso dela (incluindo você) estão se apegando a um mecanismo de autoproteção distorcido e esquivo, por não serem capazes de suportar a dor ou o desconforto.

Aprender a colocar limites com facilidade e a se acolher falando a verdade diminui a necessidade de se proteger com a positividade tóxica. Então, quando se flagrar sendo positiva em excesso, dê a si mesma uma colher de chá. Saiba que, com consciência, você pode equilibrar a positividade genuína e a sua verdade. E, nesse equilíbrio, vai encontrar a autenticidade.

Desconstruindo as mentiras que contamos a nós mesmas

As desculpas que damos (ou até mentiras que contamos) a nós mesmas são a nossa forma de racionalizar comportamentos – nossos e dos outros – para não precisarmos traçar limites. São também uma forma de resistência para justificar não ter uma conversa difícil ou apontar os erros dos outros.

É claro que não mentimos conscientemente, mas racionalizações e justificativas que não se baseiam em fatos podem nos impedir de mostrar nosso eu mais íntimo e falar a verdade. Você talvez pense que é mais fácil fazer as coisas sozinha do que pedir ajuda a seu/sua parceiro/a nas tarefas domésticas. Essa estratégia pode até funcionar para evitar o conflito, mas o ressentimento vai continuar lá.

Você arranja desculpas para o mau comportamento dos outros? Talvez pense algo como: *Ele está sob tanta pressão no trabalho esses dias, deve ser por isso que gritou comigo ontem à noite* ou *Sei que ela não quis dizer aquelas coisas que me magoaram. Ela só falou isso porque está passando por um momento ruim.*

Outra causa deste tipo de comportamento é o medo da retaliação. Anulamos nossa própria experiência e dizemos a nós mesmas: *Será que estou fazendo uma tempestade em copo d'água?* Ou nos convencemos a ficar quietas por medo de que nos vejam de maneira negativa, por exemplo: *Se eu falar com o RH, pode ser que digam que estou fazendo drama ou sendo encrenqueira.* Esse tipo de autoabandono *não* equivale a escolher com cuidado em quais brigas entrar. Mentir para nós mesmas é um jeito de minimizar conflitos e confrontos e de evitar tomar as rédeas da nossa vida.

PAPO RETO *Racionalizar e inventar desculpas prejudica nossa habilidade de falar a verdade e estabelecer limites saudáveis.*

SUA VEZ:
Você inventa justificativas para o mau comportamento dos outros?

Reflita sobre as perguntas abaixo para identificar se está arranjando desculpas para o mau comportamento alheio.

- Você é *excessivamente* compreensiva com os comportamentos inaceitáveis dos outros? Em especial quando sabe que eles estão passando por um período difícil ou tiveram uma infância ruim? (Olá, pessoas empáticas e altamente sensíveis.)

- Você cria justificativas antecipadas para o mau comportamento dos outros de modo a evitar confrontos?

- Você aceita desculpas esfarrapadas de quem trata você mal, permitindo que eles (e você mesma) se safem? Assim, eles não precisam assumir responsabilidade pelo que fizeram e você evita ter que se posicionar. Uma situação em que os dois lados saem "ganhando", mas que perpetua a disfunção emocional.

> Se você respondeu sim a qualquer uma dessas perguntas, é bem provável que esteja pronta para dizer adeus a essa postura. Por favor, comemore o seu desejo de mudar, em vez de se martirizar pelo que não era capaz de fazer até agora. Como disse Louise Hay: "O poder está sempre no momento presente."

Ligando os pontos

Abordamos muitos tópicos importantes neste capítulo. Talvez você tenha se sentido um pouco sobrecarregada ao investigar como o seu Mapa de Limites influenciou tropeços recentes. Isso é totalmente normal. Respire fundo e solte o ar. Você não está sozinha.

Perdi a conta de quantas vezes ouvi pacientes expressarem uma calma profunda ao descobrir, enfim, que são capazes de criar um mapa mais adequado e libertador para si mesmas. Que alívio saber que nossos hábitos enraizados podem se tornar escolhas conscientes.

Foi exatamente assim que Rachel se sentiu quando terminou de desconstruir seu Mapa de Limites e começou a examinar a fundo como seu padrão ultrapassado se manifestava, especialmente no namoro. Em certos momentos, ela se sentiu soterrada pelo tamanho da disfunção que tinha herdado da família. Mas também sabia que, agora, cabia a ela transformar a própria vida, e estava empenhada em mudar. Não é que Rachel tenha seguido uma listinha de tarefas e, um belo dia, tenha acordado compreendendo tudo. Como muitas de minhas pacientes, ela passou por um processo que lembra o ato de se despir de roupas das quais gostava muito, mas que não serviam mais. O momento da virada chegou quando ela rejeitou as maiores mentiras que contava a si mesma: que precisava alcançar certo nível de segurança financeira antes de estar pronta para (e merecer) um relacionamento enriquecedor e recíproco, *e* que o comportamento desrespeitoso do namorado era bom para ela. Bem, em um nível inconsciente, esse mau comportamento *era* mesmo útil para ela. (Olá, ganhos secundários!) No entanto, de um ponto de vista mais autêntico e libertador, nem um pouco.

Com coragem, ela identificou seus verdadeiros sentimentos e rompeu o padrão nocivo de aceitar o que era, na verdade, inaceitável para ela. Isso é muito importante. Quando somos capazes de fazer isso, deixamos de ser cúmplices dos piores comportamentos e instintos dos outros.

Rachel terminou o namoro e acolheu a dor que sentiu logo em seguida. Aquela dor era o caminho da independência. Com o tempo, ela desenvolveu a capacidade de falar a verdade logo de cara e de traçar limites eficazes em seus relacionamentos. Acabou se apaixonando por um diretor criativo e, pela primeira vez na vida, se sentiu reconhecida e amada pelo que era.

Explorar o seu próprio porão pode parecer igualmente desafiador, mas você também pode viver essa libertação.

Ao analisar tudo que abordamos neste capítulo, você vai liberar um montão de tempo e energia para se concentrar em si mesma, em vez de pensar o tempo todo no comportamento dos outros. Prender-se a padrões disfuncionais esgota a sua força vital. Só esse fato já deve, espero, dar o empurrão necessário para detonar as crenças inconscientes que direcionam o seu comportamento.

Agora vá dar um passeio em meio à natureza ou tome uma xícara de café. Quando se sentir pronta, vamos aprender sobre padrões repetitivos de limites.

ENTRE EM AÇÃO

1. **Lembrete mental.** Bloqueios de limites sorrateiros aparecem na sua vida cotidiana *toda hora*. Então preste atenção. Você está respondendo "sim" instantaneamente? Se dedicando em excesso? Recusando ajuda? Inventando desculpas para maus comportamentos? Se estiver sempre atenta a esses padrões, você se tornará mais consciente de como seus bloqueios de limites específicos se manifestam nos seus relacionamentos.

2. Vá mais fundo: Mapa de Limites, olhar o quadro completo. Você vai ter que tirar um tempo para desconstruir por completo o seu Mapa de Limites, mas esse é um dos *fundamentos* da sua jornada. Não pule essa parte! Marque uma data para o amor-próprio, aconchegue-se no seu Recanto Zen e siga até a página 221 para obter a orientação necessária para essa tarefa tão importante.

CAPÍTULO 5

Indo mais fundo

Agora não é aquela época

ASHLEY, UMA ENFERMEIRA DO SETOR DE EMERGÊNCIA, obstinada e engraçada, estava sofrendo com sudorese noturna, insônia, e "odiando todo mundo" graças à menopausa. Ela me procurou para reduzir o estresse e aprender técnicas para dormir melhor. Após algumas sessões, me contou que não queria mais namorar porque tinha "dedo podre" e confessou que tinha passado praticamente a vida inteira em relacionamentos disfuncionais e abusivos. Em seguida, mencionou que, quando era um bebê de dois meses, o pai havia abandonado a família – Ashley, a mãe e o irmão. Não era exatamente *Ele saiu para comprar cigarro e nunca mais voltou*, mas quase isso.

Segundo a mãe, o pai afirmou que tinha conseguido um "ótimo emprego" em outro estado e prometeu buscar a família assim que encontrasse um lugar para todos morarem. Nunca mais ouviram falar dele – nem um pio. Intuitivamente, eu soube que havia uma conexão entre esse acontecimento traumático, o estresse atual e o histórico de relacionamentos com problemas de limites de Ashley.

Depois de alguns meses de terapia, à medida que fomos nos aprofundando no seu Mapa de Limites, Ashley me disse como quem não quer nada que *ela* era o motivo de o pai ter ido embora, como se estivesse falando de um fato indiscutível. *O céu é azul e, quando era recém-nascida, causei o desmantelamento da minha família.*

– Por que você acha isso? – perguntei.

Ela deu de ombros e disse:

– Bem, foi o que a minha mãe me falou.

Se a mãe tivesse feito essa afirmação apenas uma vez, isso já poderia ter deixado uma cicatriz. Mas ela repetiu essa história dolorosa ao longo de toda a vida de Ashley, basicamente culpando-a pelo rompimento da família em toda e qualquer oportunidade. O irmão mais velho concordava com essa narrativa e a reforçava com frequência. Mas a lenda de que o nascimento de Ashley era a causa do sumiço do pai era só isso, uma lenda de família, uma dessas inverdades que nunca são questionadas e acabam se tornando ponto pacífico. Quando perguntei como um bebê poderia ser responsável pelas ações de um adulto, ela pareceu perplexa.

– Ah. Nunca tinha pensado nisso – disse.

Essa era uma das maiores crenças limitantes de Ashley.

Crenças limitantes

Crenças limitantes como essa são semeadas na infância, mas nós nem sempre sabemos que elas existem ou como impactam nosso comportamento e nossa identidade. Na minha experiência, quando elas se tornam parte inconsciente da nossa identidade, a verdadeira intimidade parece fora de alcance. Crenças limitantes impedem que nos conheçamos de verdade, o que torna impossível que os outros conheçam nosso eu autêntico. E todo mundo merece que seu eu autêntico seja reconhecido.

No capítulo anterior, examinamos como um legado obscuro que recebemos de nossa família e da nossa cultura gera relacionamentos, situações e limites exasperantes, confusos e profundamente insatisfatórios. Agora é a hora de pegar as luvas de borracha, porque precisamos fazer uma faxina no porão. Desta vez, vamos trabalhar em um nível mais detalhista, reconhecendo como crenças limitantes *específicas* se infiltram no nosso mapa e abrem caminho para repetições dolorosas (e inconscientes) de experiências da infância na vida adulta.

Essa desintoxicação psicológica profunda exige coragem, curiosidade, tempo no Recanto Zen, mente aberta – e até um pouco de vigilância. Como costumo dizer, não dá para alcançar o corpo saudável dos sonhos indo à academia só uma vez (por mais que a gente deseje que isso fosse possível). De modo semelhante, com o monte de tralha no porão, precisamos manter o compromisso de revelar o que foi reprimido ou nunca examinado.

Ashley, com sua ética de trabalho de altíssimo rendimento, estava disposta a encarar essa empreitada. Ela tinha sido doutrinada a acreditar que, sozinha, havia destruído a família e a vida da mãe. Essa mentira foi o palco onde o restante da vida de Ashley se desenrolou. Sob essa perspectiva, os hábitos de trabalhar além de limites razoáveis, se deixar atrair por relacionamentos amorosos tóxicos e viver em estado de hipervigilância faziam sentido, porque ela se sentia indigna. O simples ato de *questionar* essa história, até então uma verdade absoluta, foi uma revelação para Ashley. Ela compreendeu que vinha participando de seu próprio aprisionamento. A fuga da prisão precisava começar com uma investigação de como essa crença limitante tinha moldado o comportamento, as escolhas e a identidade dela.

Crenças limitantes ou histórias de infância não têm origem apenas no que nossos pais, professores, cuidadores e a sociedade dizem a nosso respeito. Muitas vezes, crianças constroem narrativas para tentar dar sentido a circunstâncias difíceis. Isso é comum.

Aqui está um exemplo: durante anos, carreguei sem perceber a crença de que era uma decepção para o meu pai porque ele queria um filho homem. Quando tomei consciência dessa crença limitante, descobri que boa parte da minha ambição na vida adulta tinha sido alimentada por uma compulsão oculta de provar meu valor – e não era exatamente uma escolha. Como meu pai já tinha falecido, perguntei a minha mãe, que é bem direta, o que achava disso. Segundo ela, meu pai não ficou decepcionado por ter filhas mulheres e não desejava um filho homem. Isso foi fascinante para mim. Quando criança, eu tinha criado minha própria história limitante sobre os sentimentos do meu pai para aliviar minha verdadeira experiência. Era muito menos doloroso pensar que meu gênero era o problema do que aceitar que meu pai simplesmente não tinha qualquer interesse em mim. Assim como eu, muitas crianças escrevem suas próprias histórias para preencher as lacunas quando não conseguem entender vivências desagradáveis ou até traumáticas.

SUA VEZ:
Qual é a mentira que você conta?

Vamos começar a desmontar suas crenças limitantes agora mesmo. Reserve alguns minutos para pensar sobre a história que você criou sobre seu valor, suas habilidades ou seu potencial, e que pode estar afetando sua capacidade de definir limites saudáveis nos seus relacionamentos.

Dê uma olhada nesta lista de crenças limitantes que observei ao longo dos últimos 20 anos:

- Sou ruim em matemática.

- Sou sensível demais.

- Sempre escolho a pessoa errada (igual a minha mãe).

- Não tenho sorte no amor.

- Fiz escolhas ruins, então mereço o que recebo.

- Não posso confiar em mim mesma.

- Sou tão ferrada que não tenho mais conserto.

- É minha obrigação garantir que todo mundo esteja bem. A vida é assim.

Se identificou com alguma dessas afirmações? Se não, tire um tempo para descobrir a sua mentira e a anote.

Quando temos consciência das histórias que exercem um impacto negativo sobre nossa capacidade de expressão, podemos questionar por que temos aquela crença e tomar a decisão de abrir

> mão dela. Então, conseguimos escolher conscientemente nos concentrar nos aspectos bons de quem somos e da nossa vida, aprender a falar sobre nossos pontos fortes e nossas conquistas e aceitar o reconhecimento com honra e gratidão.

PAPO RETO *Crenças limitantes são semeadas na infância e podem ter um impacto negativo sobre nossos limites e nossa noção de identidade.*

Quando não percebemos nossas crenças limitantes (criadas por nós mesmas ou herdadas), nós as tomamos como verdade. Essas supostas verdades continuam trabalhando contra nós bem depois de perderem a utilidade. Elas têm o potencial de impactar negativamente a autoestima, o senso de valor, a qualidade de vida e os relacionamentos. Isso estava acontecendo com Ashley. Tinha acontecido comigo. E pode estar acontecendo com você também.

Enquanto você continua a refletir sobre suas crenças limitantes, vamos esclarecer o que constitui a "verdade" nessas situações. Quando estamos falando de interações e sentimentos humanos, não existe uma verdade *única*. No famoso livro *Os quatro compromissos*, de Don Miguel Ruiz, baseado na antiga sabedoria tolteca, o segundo compromisso é: "Não leve nada para o lado pessoal." Para o autor, estamos profundamente mergulhados em nossa própria realidade subjetiva, então o que os outros dizem a nosso respeito revela mais sobre eles do que sobre nós.

Quando somos crianças, não temos essa percepção complexa. Assim, noções falsas são plantadas e, se não houver intervenção, continuam crescendo. De acordo com o psicólogo Carl Rogers, cuidadores ou pais nos ensinam *condições de merecimento*, os padrões de comportamento que as crianças precisam seguir para receber amor e evitar críticas. Se seus pais lhe diziam "Você tem valor", você acreditava. Se diziam "Você é inútil", você também acreditava.

Pequenos seres humanos em desenvolvimento não têm a escolha de rejeitar um tratamento injusto ou questionar uma narrativa suspeita reproduzida pelas pessoas de quem dependem para sobreviver. Crianças são uma plateia cativa. Procurar na internet alguém para dividir um apartamento não é uma opção quando temos 7 anos. Nossos pais ou tutores estão no controle. Quando não têm consciência de suas próprias disfunções, eles podem – de maneira implícita ou explícita – transmitir mensagens prejudiciais a nós.

A mãe de Ashley se viu sob grande estresse como uma jovem subitamente solteira com dois filhos para criar. É muito provável que precisasse culpar alguém pela ruína de sua vida. Ashley, desde bebê, foi um alvo conveniente para a dor, a raiva, a humilhação e a decepção que a mãe sentia. Durante a infância, nem passou pela cabeça de Ashley a possibilidade de questionar o que a mãe, sua única cuidadora, dizia. Assim como todas as crianças, ela contava com a mãe para sobreviver.

É essencial revelar e entender a natureza subjetiva das "verdades" da nossa infância, porque é essa compreensão que vai abrir as portas para histórias e/ou crenças melhores e mais amplas sobre nós mesmas.

Seguimos examinando os sentimentos de Ashley por ter sido feita de bode expiatório. Ela começou a explorar emoções como raiva, tristeza e perda, que estavam bem guardadas no inconsciente. Juntas, concordamos com o fato de que um bebê que não escolheu nascer não pode ser responsabilizado pela divisão da família. Nos concentramos em acolher e curar as feridas mais antigas de Ashley, atacando suas crenças limitantes a respeito de si mesma e vivendo o luto pela infância que ela nunca teve.

Sua verdade, nada mais que a sua verdade

A crença inconsciente de Ashley de que sua mera existência era ruim o suficiente para levar o pai a largar para sempre a família inteira fazia com que ela se sentisse desprezível, culpada e envergonhada. Esses sentimentos geraram situações infelizes e destrutivas na vida pessoal e profissional. Seu campo de atuação, a medicina de emergência, implicava ter que lidar com doses diárias de caos e intensidade. Por escolha, ela cumpria quase o dobro da carga horária exigida em um dos maiores hospitais de trauma de Manhattan. Três turnos de 12 horas por semana eram a norma, com a opção de fazer horas extras. Ashley costumava trabalhar de cinco a seis dias por semana nesse ritmo. Não era por acaso.

Ocupar-se com situações de vida ou morte era uma distração poderosa para não ter que refletir sobre si mesma. Também havia um forte componente de autoabandono em jogo: a pouca importância que Ashley dava a sua saúde física e mental. Ferimentos à bala, vítimas de acidentes de carro e lesões cerebrais traumáticas sempre se sobrepunham às necessidades dela. Na verdade, esse trabalho combinava perfeitamente com Ashley. Era quase como se, de maneira inconsciente, ela estivesse cumprindo pena por um crime que *acreditava* ter cometido.

A culpa e a vergonha estavam por trás de todas as decisões – e dos relacionamentos – dela. Inconscientemente, ela conspirava com os abusadores pelos quais sempre acabava se apaixonando. No fundo, uma parte de Ashley acreditava que merecia aquilo. Mas a menopausa desequilibrou a balança. Sem conseguir dormir, ela não manteria aquele ritmo exaustivo por muito tempo, único motivo pelo qual foi parar no meu consultório. Foi aí que começou a perceber que não havia autopunição ou exaustão que pudessem mudar a percepção que sua mãe tinha dos acontecimentos – e da própria Ashley.

PAPO RETO *Revelar e entender a natureza subjetiva da sua "verdade" limitante da infância abre a possibilidade de construir histórias e crenças melhores e mais amplas sobre você mesma.*

Padrões repetitivos de limites

Já sabemos que as crenças limitantes de Ashley causaram um dano enorme em sua autoestima, mas outros fatores contribuíam para os limites desajustados dela. Tanto nos relacionamentos amorosos quanto na devoção implacável aos pacientes havia padrões repetitivos de limites nos quais, sem perceber, ela recriava situações da infância (isto é, o pai ausente e a mãe abusiva) na vida atual. Quando adulta, ela continuou procurando, de modo involuntário, relacionamentos e estilos de vida que ecoassem sua experiência de criança, mesmo que esse não fosse seu desejo consciente.

Talvez você se identifique. Já sentiu que estava sempre repetindo o mesmo relacionamento *errado*? Uma das manifestações dessa tendência pode ser namorar repetidamente as mesmas pessoas indisponíveis/dominadoras/irresponsáveis/subempregadas/controladoras (insira seu próprio adjetivo péssimo aqui). Ou então sempre encontrar um chefe babaca ou narcisista. Ou ser continuamente rejeitada ou traída pelos seus amigos próximos. Deu para entender, né?

Essas situações frustrantes são seus padrões repetitivos de limites. Você pode até jurar conscientemente que *não* vai acabar como a sua mãe, que se esforçava sozinha para o relacionamento funcionar ou mantinha um casamento cheio de brigas, mas, quando dá por si, lá está você, reciclando os mesmos sentimentos que passou quase a vida inteira tentando evitar.

Pode ser confuso e bem deprimente se ver repetindo as mesmas interações insatisfatórias, que levam aos mesmos resultados indesejados. Acredite, você não está sozinha. Nem doida. E não é ruim nesse jogo da vida. É comum ter uma compulsão inconsciente por repetir padrões indesejáveis. E tenho uma ótima notícia: com informação, esforço e orientação, essa compulsão é 100% curável.

Deixo aqui um abraço para nossos pais ou para as pessoas que nos criaram: repetimos as coisas boas que nos ensinaram e mostraram, além de repetir a disfuncionalidade. Pode ser difícil reconhecer as duas realidades, a boa e a ruim, ao mesmo tempo. Na verdade, muitas de nós, que temos tendência a ser cuidadoras, nos sentimos compelidas a acreditar que nossos pais (e a criação que nos deram) são bons, mesmo à custa do nosso próprio bem-estar. Algumas pessoas acham que reconhecer as experiências e as emoções negativas lhes dá liberdade emocional, porque elas se tornam capazes de apreciar o que foi positivo e doce com mais sinceridade. Se em algum momento você começar a se sentir má, culpada ou ingrata, pare, vá para o seu Recanto Zen, respire, acenda uma vela e escreva sobre suas emoções no seu diário. Suas experiências são válidas. *Você tem o direito de se sentir como se sente.*

Não apenas isso, mas é essencial que você sinta o que tiver que sentir. Se cresceu em uma família muito intricada e que exigia "pensamento coletivo" (isto é, desestimulava o pensamento individual), você aprendeu a enterrar as verdadeiras emoções e reações se elas se desviassem das do grupo.

Sua cura só pode acontecer se você acolher suas experiências e seus reais sentimentos. É provável que sua versão adulta tenha racionalizado e criado justificativas para seus pais terem falhado com você. (Não é preciso que eles *saibam* o que fizeram, porque são humanos e erram como todas nós.) Este é o momento de priorizar a sua verdade. Vamos fazer um trato agora mesmo de que todas as pessoas à nossa volta fizeram o melhor que podiam com a consciência que tinham na época. Se pudessem ter feito melhor, vamos ser generosas e presumir que fariam.

O objetivo de voltar às experiências da infância *não é* condenar ninguém, e sim entender. Você também precisa estar disposta a separar a imagem que tem dos seus pais agora (se ainda estiverem vivos) de quem eles eram naqueles tempos. Por exemplo, seu pai ou sua mãe podem ter largado o vício em bebida há 10 anos. O instinto talvez seja celebrar a conquista deles, menosprezando sua vivência como filha desamparada de um/a alcoólatra. Mas sabe quem não está nem aí para a ficha de 10 anos de sobriedade dos Alcoólicos Anônimos? Sua versão de 12 anos, que pode ter encontrado o pai ou a mãe dormindo no carro ainda ligado em frente de casa às 5h da manhã e sentido que o bem-estar da família inteira recaía sobre seus ombros. *Essa* criança precisa de compaixão e cuidado.

PAPO RETO *Quando padrões repetitivos de limites estão ativos, é como se a criança dentro de cada uma de nós estivesse buscando desesperadamente uma releitura de experiências decepcionantes, dolorosas ou traumáticas da infância para criar um desfecho melhor. Sem novas habilidades ou conhecimento, esse desfecho melhor é improvável.*

Você tem uma experiência da infância que ainda pesa na sua psique? Parte disso se deve ao fato de que ela ainda não foi examinada e, portanto, continua alimentando seu comportamento de alguma forma. Entende o que quero dizer? Você talvez descubra que está carregando um ressentimento que também precisa ser reconhecido e liberado. Você precisa acolher *todas* as suas experiências, porque, uma vez na vida, isso tem a ver só com *você*.

Déjà-vu, *tudo de novo*

O conceito de padrões repetitivos de limites foi inspirado na teoria de *compulsão à repetição* de Freud, que ele descreveu como "o desejo de voltar a um estado anterior das coisas". Isso se baseia na ideia de que os humanos buscam conforto no que é conhecido, mesmo que seja doloroso. É da natureza humana repetir experiências, sejam elas positivas, benignas ou simplesmente destrutivas.

No meu consultório já vi muitas vezes a compulsão inconsciente de recriar padrões de limites disfuncionais. Uma mulher que, quando criança, tinha medo da mãe rígida e perfeccionista pode acabar em relações com pessoas controladoras a quem nunca consegue agradar. Uma mulher que foi abusada sexualmente pelo tio pode ser atraída por relacionamentos com homens que a desrespeitam, confirmando sua crença de que há algo errado com ela. Como terapeuta, uso as questões atuais e repetitivas das minhas pacientes como um mapa para localizar as feridas de origem que precisam de atenção para que essas mulheres se libertem de padrões de limites que são destrutivos.

Do ponto de vista da mente consciente, o fenômeno de recriar vivências passadas pode parecer contraintuitivo. *Como uma situação dolorosa, mas conhecida, pode ser mais reconfortante do que uma experiência desconhecida?* No entanto, da perspectiva da mente inconsciente, a compulsão à repetição faz bastante sentido. Quando padrões repetitivos de limites estão ativos, a criança dentro de nós está buscando desesperadamente uma chance de reviver uma experiência decepcionante, dolorosa ou traumática da infância para tentar obter outro desfecho. Mesmo que a forma da repetição seja destrutiva ou prejudicial, há uma semente de amor curativo dentro desse impulso.

Você já esteve em um relacionamento ruim e pensou que daquela vez seria diferente? Mesmo que não houvesse qualquer evidência ou razão para pensar assim, a não ser seu desejo de que isso acontecesse? Os humanos são movidos a esperança, mas vamos cair na real – sem vasculhar os elementos tóxicos que podem estar à espreita no seu porão, dificilmente você terá um entendimento claro sobre o momento da sua infância em que o padrão ruim de limites teve origem. Sem esse entendimento, é muito improvável que você desenvolva as habilidades para criar um desfecho melhor. Felizmente, identificar o que talvez esteja repetindo e por que é o próximo tema que vamos abordar.

As três perguntas esclarecedoras

Pronta para boas notícias? Descobrir como seu passado está interferindo em situações e relacionamentos atuais é relativamente simples. Basta seguir o rastro dos seus sentimentos para ligar os pontos entre os conflitos do presente e as feridas antigas. Sim, é bem possível que emoções indesejáveis de hoje tenham raízes em sentimentos do passado que não foram reconhecidos ou processados. Para examiná-los, fazemos três perguntas simples, as 3Ps esclarecedoras, que vou explicar daqui a pouco.

Começo contando a história da minha paciente Sandy, uma assistente jurídica que vivia um conflito cada vez mais intenso no trabalho com uma colega que descrevia como "a rainha do bullying". Levada ao limite, Sandy não parava de remoer essa situação e dormia mal havia semanas. Ela tinha medo de não se conter, revidar e perder o emprego por isso.

Examinando o histórico profissional de Sandy, começou a surgir um padrão. Nos últimos empregos, ela sempre tinha uma arqui-inimiga que drenava boa parte da sua energia e capacidade emocional.

O fato de Sandy ter vivido essa experiência não uma, nem duas, mas três vezes era significativo. Senti que, inconscientemente, ela estava recriando uma dinâmica antiga. Quando perguntei o que ela pensava sobre esse padrão repetitivo, a resposta foi: "Fala sério, Terri! Tenho certeza de que esse tipo de coisa acontece com todo mundo."

Na verdade, não. Não acontece.

Primeiro, perguntei se alguma dessas arqui-inimigas a fazia se lembrar de alguém. Sandy mordeu o lábio e disse: "Não sei." (Primeira pergunta esclarecedora: Essa pessoa me faz lembrar de quem?)

Em seguida, perguntei se ela conseguia identificar em que momento da vida tinha se sentido daquele mesmo jeito. (Segunda pergunta: Quando senti isso antes?)

E, por fim, o que era comum na forma como ela interagia com essas arqui-inimigas? Quais aspectos dessa dinâmica comportamental eram familiares? (Terceira pergunta: De onde eu conheço a dinâmica desse comportamento?)

A última pergunta gerou um momento eureca.

"Caramba", respondeu Sandy. "Todas três são iguais a minha irmã, Liz. Não que se pareçam fisicamente, mas me fazem lembrar dela, cada uma com um jeito irritante diferente. Uma valentona mandona que pisava em mim para conseguir o que queria."

Voilà! Com as 3Ps, traçamos a linha entre os relacionamentos passados de Sandy e a raiz inconsciente da situação atual.

O que ela estava vivendo pode ser descrito, no vocabulário da psicoterapia, como *transferência*. Quando vivenciamos uma transferência, uma pessoa ou situação dispara em nós um gatilho inconsciente, e nossa reação intensa é alimentada por uma experiência anterior mal resolvida que evoca a pessoa ou o cenário atual. Isso não quer dizer que os conflitos no trabalho fossem fruto da imaginação de Sandy. Na verdade, a reação a essas mulheres controladoras ou autoritárias (na opinião dela) era amplificada por causa do sentimento mal resolvido envolvendo conflitos dolorosos de infância com a irmã, Liz. Era como buscar de maneira inconsciente uma chance de voltar atrás para mudar os resultados, mas com as pessoas erradas.

Exemplo: um produtor da Broadway fazendo uma seleção de elenco pode rechaçar uma atriz brilhante pelo fato de lembrá-lo da ex-esposa terrível. Ou seu chefe autoritário evoca o seu pai repressivo, de modo que, sempre que ele está por perto, você se acovarda. Sua reação atual está sendo alimentada por dores ou sentimentos não resolvidos de uma ferida anterior. É como entrar sem perceber em uma máquina do tempo emocional. Percebe como isso pode comprometer sua tomada de decisões, a comunicação eficiente e a capacidade de estabelecer e manter limites saudáveis?

PAPO RETO *Sua cura só virá da aceitação das suas verdadeiras experiências e emoções.*

Agora que tínhamos entendido a origem das reações de transferência de Sandy, sabíamos onde concentrar tempo e energia nas sessões seguintes: em processar e desativar feridas da infância geradas pelas interações com a irmã dominadora. Depois que essa etapa foi concluída, Sandy não teve mais inimigas no trabalho. Não estou brincando. Bastaram três sessões arrumando as caixas no porão com etiqueta "Lizzy, a arqui-inimiga original" para Sandy simplesmente parar de falar sobre a colega que a perturbava. Betty continuava a mesma, mas Sandy havia mudado. Ao reconhecer as experiências reprimidas e dolorosas com a irmã e falar sobre elas, não precisou mais reproduzi-las usando a colega de trabalho como substituta. Esse processo simples e direto também pode ser muito eficaz para você.

Ligar os pontos entre desafios do presente e feridas ou conflitos não resolvidos do passado pode ajudá-la a fazer escolhas mais bem informadas.

É só uma questão de seguir o rastro dos sentimentos. Talvez suas emoções em um conflito repetitivo atual sejam um eco de como você se sentiu por causa de uma ferida da infância. Uma transferência aprisiona você a antigas reações intensas. O objetivo é gerar entendimento e criar um espaço interno para que você possa reagir com consciência plena, em vez de por instinto, tomando decisões esclarecidas no aqui e agora.

SUA VEZ:
Como usar as três perguntas

A ferramenta das 3Ps é uma estratégia testada e comprovada para desvendar rapidamente quando o passado tem um impacto negativo no presente. É bem simples. Faça esse exercício agora para aprender a usá-lo quando precisar mais à frente. Pense em um conflito que parece uma repetição ou uma situação habitual e insatisfatória e pergunte a si mesma:

1. Essa pessoa me faz lembrar de quem?

2. Quando senti isso antes?

3. De onde eu conheço a dinâmica desse comportamento ou situação?

Depois que tiver feito as três perguntas, você pode analisar a transferência mais a fundo indagando: quando estou em conflito, me sentindo decepcionada ou tendo problemas em um relacionamento, quem eu me torno (simbolicamente) e quem a outra parte se torna?

Por exemplo, você pode sentir que se torna sua versão de 10 anos, e seu chefe talvez represente um pai que sempre a castigava. Isso pode aumentar sua consciência sobre as feridas do passado que está carregando (e repetindo) sem perceber, e assim aumentar sua chance de se curar.

Enxergar é curar

Como resultado da nova clareza, Ashley, a enfermeira do setor de emergência, parou de fazer hora extra pela primeira vez na vida adulta. (Três turnos de 12 horas por semana, em vez de cinco turnos, pareciam "férias", disse.) Aos poucos, ela se libertou das crenças limitantes, aprendendo como suavizar suas reações intensas com origem no passado e seus padrões de comportamento. Esse processo abriu espaço para que Ashley explorasse de modo consciente o autocuidado real e construísse uma verdadeira autoestima. Ela começou a dormir mais que cinco horas por noite, a praticar ioga, a se alimentar melhor e a apreciar uma aula de cerâmica que descreveu como catártica e terapêutica.

Desconstruir, questionar e, por fim, rejeitar as crenças limitantes também provocou uma mudança profunda na autoimagem de Ashley. Ela começou a se ver como uma pessoa digna de cuidado. Também lidamos com os sintomas da menopausa sem medicações. Além da nossa sessão semanal, Ashley desenvolveu o hábito de meditar e passou a fazer terapia energética uma vez por semana, práticas que manteve mesmo depois que os problemas que a levaram ao meu consultório foram controlados. Na verdade, atacar os padrões do passado e manter essas conquistas eram a chave para ela. E é provável que sejam para você também.

Décadas mais tarde, ainda tenho o pequeno vaso de flores, um tanto irregular, que Ashley fez para mim na primeira aula de cerâmica. Para mim, o vaso é um lembrete da transformação real que ocorre quando mergulhamos nas nossas crenças inconscientes. É uma prova tangível de uma verdade poderosa: o alívio do sofrimento e a mudança duradoura *são* possíveis.

PAPO RETO *Tirar do porão (sua mente inconsciente) os dados corrompidos e as crenças limitantes dá a você mais espaço para plantar as sementes de pensamentos e comportamentos positivos e produtivos.*

Com o tempo, você terá muita clareza sobre as escolhas que tem à disposição. Quando crianças, não tínhamos opção, mas – felizmente para todas nós – agora *não é* aquela época. *Aleluia!*

Como uma adulta com mais consciência, você tem escolha sobre o que pensa, como se sente, qual é a sua verdade e o que ela pode ser. Talvez isso seja uma das percepções mais libertadoras e impressionantes da sua vida. Limpar o porão abre espaço para plantar as sementes de pensamentos e comportamentos positivos e produtivos. Quando você menos esperar, seu novo normal será aquele que projetou conscientemente. Pode tirar as luvas de proteção e fazer uma dancinha para comemorar. (Aumenta o som e solta o confete!)

Agora faça uma pausa para reconhecer como você já evoluiu nesses primeiros cinco capítulos e celebre! Você se familiarizou com limites saudáveis, codependência, comunicação eficaz e ineficaz, os limites que herdou, suas crenças limitantes *e* como se libertar disso. É *muita coisa*. Daqui para a frente, vamos nos concentrar em como usar sua consciência mais desperta para concretizar mudanças reais e ter mais autonomia sobre a sua vida incrível e única.

ENTRE EM AÇÃO

1. **Lembrete mental.** Preste atenção às ocasiões em que você se sente rápida ou extremamente ferida, brava, amedrontada ou irritada durante ou logo após uma interação. Use esses momentos como oportunidades para fazer as 3Ps e descobrir possíveis reações de transferência.

2. **Vá mais fundo: o inventário dos ressentimentos.** Revelar e acolher os ressentimentos que você carrega é uma parte valiosa do processo de cura. Vá até a página 223 para acessar um exercício simples, mas potente, que ajuda a liberar o ressentimento.

PARTE 2

Criando o novo normal

CAPÍTULO 6

Os 3Rs

Reconhecer-Repelir-Responder

"EU NÃO AGUENTO MAIS", EXCLAMOU MAGDALENA, se jogando no meu sofá no início de nossa sessão de sexta-feira. Magdalena era uma analista financeira de 30 e poucos anos, muito competente. Era raro que ela se aborrecesse com o trabalho. Por isso, senti que aquela irritação não tinha a ver com a vida profissional. Magdalena era uma mulher voluptuosa, que atraía olhares e comentários frequentes de homens na rua – um assunto recorrente em nossas sessões terapêuticas.

– O que houve? – perguntei.

Suspirando, ela me contou que estava andando na rua quando passou por um canteiro de obras e ouviu as velhas cantadas. "Uau, que rebolado!"

– Terri – disse ela, balançando a cabeça, claramente agitada. – Eu não estava *rebolando* coisa nenhuma. Estava andando apressada. Por que não posso seguir com meu dia em paz sem atrair esse tipo de atenção?

– O que aconteceu dessa vez que fez você se sentir diferente? Por que não "aguenta mais"? – indaguei.

– Não sei. Parece que alguma coisa dentro de mim entornou de vez.

Aquela cantada indesejada fez Magdalena entrar na primeira loja de roupas que encontrou e comprar um suéter de "vovó" que ia até os joelhos, mesmo estando só a quatro quadras do meu consultório. Aquela compra impulsiva cobriu o corpo todo, mas também fez com que ela se atrasasse para a sessão.

Situações assim aconteciam o tempo todo com Magdalena. Pessoalmente, eu a achava linda, mas ela não pensava assim. Tinha uma irmã mais velha que era magra e, sempre que as roupas usadas de uma prima, tamanho 36, chegavam pelo correio, Magdalena, tamanho 46, ficava de mãos abanando. Nenhum membro da família criticava seu corpo. Ainda assim, era difícil não perceber que, durante as refeições, a mãe dizia coisas como "Você não está satisfeita, não?" e ficava de olho no que ela comia. Na escola, Magdalena era alvo de bullying por ter desenvolvido seios antes das outras meninas. Isso deu início a um padrão de querer se esconder que durava até aquele momento.

Quando chegou ao meu consultório, Magdalena acreditava sinceramente que era "grande demais". Ficou claro que sua autoimagem corporal ruim contribuía para a baixa autoestima. As cantadas frequentes e indesejadas na rua reforçavam a crença de que havia algo errado com ela, e que era grave. A vergonha aumentava a cada novo "Ei, gostosa!". Ela continuava se sentindo péssima por muito tempo depois de passar por mais um canteiro de obras com a cabeça baixa e um aperto no peito.

Eu não a culpava por não gostar das cantadas. Mas esperava que ela percebesse que podia se relacionar de modo diferente com essas situações que não podia controlar e, mais importante, nutrir pensamentos mais positivos sobre seu valor e sua autoimagem.

"Não é *possível* que não exista uma saída melhor!", exclamou ela.

Para Magdalena – e para qualquer outra pessoa que tenha chegado ao limite com situações frustrantes – existe, sim, uma saída melhor. Isso não quer dizer que possamos controlar as ações e as palavras dos outros. Em geral, não podemos. Mas conseguimos mudar nossa reação. E com certeza somos capazes de aprender a não internalizar os julgamentos dos outros. *Reconhecer-Repelir-Responder* é uma estratégia tríplice para *reconhecer* quando temos uma reação ditada por nossa história, ou uma reação disfuncional; *repelir* quaisquer transferências ou sintomas físicos que ocorram; e *responder* com consciência, com base no que queremos criar. A estratégia dos 3Rs nos ajuda a estabelecer novos padrões de comportamento.

Antes de explorar de maneira mais detalhada como os 3Rs funcionam, vamos discutir como somos programadas neurologicamente para criar novos padrões comportamentais (sim, é verdade!). Também veremos como é possível acessar a sabedoria do corpo para obter informações importantes sobre nossos limites. A sabedoria do corpo nos ajuda a perceber se estamos em um padrão repetitivo de limites ou prestes a entrar em um.

Como ensinar novos truques ao seu velho cérebro

Mudar padrões comportamentais antigos pode parecer muito desafiador. Nos capítulos anteriores procurei ajudá-la a tomar consciência dos seus hábitos, mas só isso não basta. Alterar seu comportamento uma vez só também não basta. Você precisa mudar sua forma de agir *repetidamente*. Muitos desses padrões comportamentais existem há décadas, então vai levar um tempo para corrigi-los. Mas conseguir o que você deseja vale a pena.

A neurociência ajuda a explicar por que é tão importante tomar decisões mais saudáveis repetidamente.

Até o final dos anos 1960, os especialistas no funcionamento do cérebro pensavam que ele atingia seu desenvolvimento pleno na infância e só voltava a sofrer alterações na velhice, quando começava a inevitável decadência cognitiva. A ciência atual afirma que isso não é verdade. Cinquenta anos atrás, cientistas descobriram um fato que mudou o jogo: o cérebro é adaptável e mutável. Você *pode* ensinar novos truques a um velho cérebro. Nossas conexões neurais, estimadas na ordem de 100 trilhões, são formadas e podem ser alteradas todos os dias, graças às experiências que vivenciamos. Isso é o que chamamos de neuroplasticidade.

Se continuamos repetindo hábitos familiares e padrões que nos deixam tristes, desalentadas, raivosas e desesperadas, ficamos atoladas no mesmo pântano. Mas não precisa ser assim. É sério. Com esforços coordenados e consistentes, podemos trabalhar nosso cérebro, que está sempre em transformação, para nos tornarmos mais flexíveis e criativas, aumentando nosso bem-estar de modo exponencial.

Atitudes que fazem a diferença

Magdalena precisava mudar. Ela não aguentava mais ocupar um espaço existencial tão pequeno no mundo, se diminuindo e se odiando. Talvez você já tenha vivido uma situação parecida.

Para utilizar o poder da plasticidade do cérebro, primeiro é preciso *querer* mudar e, então, dispor-se a apoiar esse desejo de mudança com novas atitudes.

Meditação

Quando eu tinha 20 e poucos anos, minha terapeuta sugeriu que eu aprendesse a meditar, me explicando os benefícios neurológicos e terapêuticos dessa prática. Como eu sempre buscava um atalho, tratei de encontrar um intensivão de fim de semana, pensando que poderia logo riscar a meditação da minha listinha de afazeres. Mal sabia eu que não existe atalho para isso. Demorei muito para conseguir estabelecer uma prática diária.

As coisas mudaram quando percebi que ficar imóvel e em silêncio regularmente adicionou uns três segundos ao meu tempo de reação. Pode parecer pouco, mas aqueles três segundos criaram o espaço interno de que eu precisava para responder de forma mais refletida – e menos reativa. Menos drama, mais alegria. Quando vivenciei os benefícios da meditação, tornei-me uma praticante entusiasmada e instrutora certificada. Comecei a criar meditações guiadas para minhas pacientes, de modo a tornar essa prática transformadora mais acessível. (Você encontra os primeiros passos para meditar na página 217.)

Em um estado contemplativo, nos abrimos a uma consciência elevada do que não está dando certo para nós *e* aumentamos nosso espaço mental. A atenção plena nos permite desacelerar, abrir mão de nossas velhas reações automáticas e responder de maneira mais intencional.

Acessando a sabedoria do corpo

A meditação também pode ajudá-la a tomar mais consciência do seu corpo. A prática permite que você desacelere, perceba que não é constituída apenas por seus pensamentos e que seu cérebro não é a única fonte de conhecimento válida. A sabedoria do seu corpo está sempre disponível para indicar quando você não está confortável ou quando precisa usar uma tática diferente. Confie em mim: se prestar atenção às suas sensações viscerais, você obterá informações importantes sobre o que precisa fazer.

A sabedoria do corpo pode se tornar sua arma secreta para abandonar padrões disfuncionais de limites em prol de hábitos mais saudáveis. É bem possível que, no nível intelectual, você saiba perfeitamente que precisa mudar o jeito como faz algo, mas *ainda assim* evite tomar essa nova atitude.

Aprenda a dar ouvidos ao nó no estômago. Ao aperto no peito. À dor na garganta. Ao latejar na cabeça. Essas sensações físicas estão lá para ajudar. Elas apontam uma nova direção e são a prova de que o corpo é a bússola para a cura e o empoderamento.

Aqui vai uma história real para ilustrar esse ponto. Minha amiga Jean, uma codependente de alto rendimento (CAR) e pessoa altamente empática, sempre chegava em casa esgotada. Parecia que, aonde quer que fosse, a pessoa mais carente no local sempre a encontrava. Não querendo ser grosseira, ela ouvia com o estômago revirando e só se retirava quando o interlocutor encerrava seu desabafo. Às vezes, isso levava uma hora – é sério. Como não conseguia impor limites, ela lidava com situações muito além da sua capacidade e depois passava horas, se não dias, sentindo-se mal.

SUA VEZ:
Sinos + respiração para meditar

Muitas de nós passamos a vida toda ignorando os sinais do nosso corpo. Alinhar-se mentalmente à sabedoria do corpo é se tornar consciente de como você se sente no momento presente, com a intenção de escutar.

Sugiro um exercício simples que você pode fazer algumas vezes por dia. É muito eficaz.

1. Programe um despertador no celular (um sino é legal – escolha uma opção tranquilizadora) para tocar a intervalos de três a quatro horas. Quando ouvir o alarme, tenha a intenção de fazer uma pausa de 30 a 60 segundos.

2. Use esses 30 a 60 segundos para observar como você se sente. Feche os olhos, respire fundo e faça uma varredura do seu corpo, da cabeça aos pés. Toda vez que atingir uma área que parece contraída ou dolorida, pare e faça uma respiração longa, lenta e profunda. Perceba a sensação naquele lugar. Então, respire se

> concentrando nesse local exato e visualize a sensação indesejada deixar seu corpo junto com o ar na expiração.
>
> **3.** Agora, com os olhos suavemente fechados, pergunte a seu corpo do que ele precisa. Pare e ouça a resposta.
>
> Quanto mais você escutar e acolher a sabedoria de seu corpo, mais poderosa será a sua intuição. Você também se tornará cada vez mais apta a criar limites eficazes, tanto internos quanto externos.

Uma amiga sábia contou a Jean um truque cognitivo-comportamental simples. Na próxima vez que se encontrou em uma situação esgotante, ela colocou as mãos na barriga, conforme o conselho da amiga. Lembrou-se de que estava na linha de fogo, que permanecer ali era uma escolha e que tinha opções. Mesmo se sentindo estranha, ela fez algo diferente naquela vez. Disse: "Ah, com licença, tenho que ir." Jean se sentiu tão impressionada pela eficácia dessa nova atitude que começou a utilizar sempre a técnica das mãos na barriga. Em questão de semanas, já se sentia espantosamente melhor – mais leve, mais livre e mais apta a focar em si mesma. Anos depois, escutar e acolher a sabedoria do corpo havia se tornado algo natural.

Quanto mais você entrar em sintonia com seu corpo, mais nítida será a imagem do que não está funcionando para você. Com frequência, quando nos envolvemos em situações com emoções intensas, é difícil identificar e articular nossos verdadeiros sentimentos e pensamentos. Quantas vezes você já refletiu sobre uma situação do passado e pensou que, em retrospectiva, *deveria ter visto os sinais de alerta*? É bem provável que seu corpo estivesse tentando chamar sua atenção, mas você não estava escutando.

Já ouvi inúmeras histórias de sensações corporais persistentes que transmitiam uma mensagem profunda.

Uma de minhas clientes suspeitava que o namorado, com quem ela morava, a estava traindo. Aí, ela pegou uma infecção vaginal misteriosa que prejudicou seriamente a vida sexual dos dois. Os médicos não chegavam a um diagnóstico claro, mas receitaram antibióticos. Nada funcionava. O namorado brincou: "Você deve ser alérgica a mim." Ela riu, mas pensou: *Caramba, talvez ele esteja certo.* Essa cliente começou a cultivar uma relação mais íntima e amorosa com o próprio corpo, permitindo-se ter mais curiosidade sobre suas suspeitas. Isso a levou a fazer perguntas incisivas ao namorado, produzindo um grande momento de *arrá*! Ele admitiu, por fim, que havia transado com uma amiga em comum. Quando ela terminou o relacionamento e se mudou, os sintomas sumiram em menos de uma semana. Obrigada, sabedoria do corpo! (E adeus, boy lixo!)

SUA VEZ:
Aprenda a reconhecer

Para se conhecer melhor, o primeiro passo é tomar consciência das interações que ativam o seu estresse. Aqui vão algumas perguntas para se fazer em meio a situações difíceis para começar a reconhecer o que está acontecendo e por quê:

- O que estou sentindo?

- Em que parte do meu corpo sinto isso?

- Houve alguma interação ou um pensamento que desencadeou a sensação?

- Estou no meio de um padrão repetitivo de limites?

Suas respostas podem ser, por exemplo:

- Me sinto tensa. Sinto pavor. Estou inquieta.

- Está no meu peito, no meu estômago, na minha cabeça.

- Comecei a me sentir assim depois que o cara da contabilidade me pediu para cobrir o turno dele.

- Depois de pensar na minha interação com a Betty, comecei a me sentir ansiosa.

O que as 3Ps revelam sobre o meu padrão repetitivo de limites neste momento? De que modo esta interação é familiar?

Aprender a *reconhecer* que algo está errado durante ou após uma interação com alguém é o primeiro passo dos 3Rs (Reconhecer-Repelir-Responder), que você aprenderá a usar ainda neste capítulo. Com um desejo genuíno de entender a si mesma, você criará o espaço interno necessário para a mudança, e a janela de transformação começará a se ampliar.

PAPO RETO *Tendo a sabedoria do seu corpo como guia, você será capaz de descobrir com mais facilidade o que está (ou não está) funcionando para você.*

Quando não acolhe a sabedoria do seu corpo, você perde uma oportunidade de fazer grandes mudanças de mentalidade. Em vez de prestar atenção, talvez você recorra a um calmante para cair no sono ou a um drinque noturno (ou três drinques) para "descontrair". Ou fugir, ou se anestesiar, ou se distrair de várias formas. Mas ignorar as mensagens que o corpo emite impede o seu próprio crescimento. Você precisa desacelerar o suficiente para prestar atenção aos sinais.

Ao trocar o julgamento pela curiosidade, você passa a se conhecer melhor. Torna-se uma observadora que não julga. Se estiver se sentindo estagnada, os acontecimentos que lhe causam mais angústia deixam de ser aleatórios. Portanto, convém ficar alerta e consciente do que pode estar ocorrendo sob a superfície.

Tendo a sabedoria do seu corpo como guia, você será capaz de descobrir com mais facilidade o que está (ou não está) funcionando para você. Isso é *essencial* para estabelecer limites. Quanto mais informações você tiver sobre suas reações e respostas internas (como, por exemplo, quais interações causam estresse), mais preparada estará para determinar que tipo de limite externo é o mais adequado, ou que atitude é necessária em uma situação específica.

Preferências, desejos e pontos inegociáveis

Ao começar a impor limites, você terá que entender a diferença entre suas preferências, seus desejos e os pontos inegociáveis. Conhecer essas distinções deixará mais claro o que é aceitável ou não para você (e em que grau). Vai revelar, também, o caminho para tomar decisões baseadas na sua verdade.

Preferências. Ter uma preferência significa priorizar uma opção quando há outras disponíveis. Você prefere café ou chá? Zumba ou *spinning*? Acordar cedo ou dormir tarde? Esses são exemplos de preferências internas e pessoais. Ninguém precisa dar palpite se você gostar mais de tomar banho na banheira que no chuveiro, por exemplo. Na correria do dia a dia, muitas de nós nunca paramos para pensar nas nossas preferências, e é por isso que completar a lista de pontos aceitáveis e inaceitáveis do capítulo 2 é um exercício importante para aprofundar o autoconhecimento. Se você não fez isso ainda, é uma boa hora para ir à página 217.

Quando se trata de preferências que envolvem os outros, porém, a comunicação é obrigatória. Por exemplo, talvez você goste de ir para a cama cedo, mas seu par seja uma criatura noturna. Você pode dizer: "Eu gostaria que você viesse para a cama às 21h comigo." Suas preferências importam, e vale a pena conversar a respeito delas. Aprender a expressá-las cedo e com frequência, de maneira tranquila e gentil, é a base de uma vida mais satisfatória e harmoniosa. Você ou seu par podem chegar a um meio-termo, como ir para a cama cedo junto duas noites por semana.

Quando você expressar suas preferências com clareza, algumas pessoas responderão com gratidão, dizendo: "Obrigada! Ótimo saber que você prefere que eu ligue em vez de mandar mensagens de texto." Outras, porém, vão interpretar qualquer pedido como uma exigência, independentemente do cuidado que você tenha com suas palavras. Não faz mal. O importante é que você agiu pensando no seu bem-estar.

Ah, e uma coisa sobre as exigências. Em geral, elas não têm espaço em relacionamentos saudáveis e recíprocos. Você pode se sentir bem por um instante ao fazê-las ("Você vem para a casa da minha mãe comigo e ponto!"), mas, no fim das contas, as demandas fazem você parecer mandona e chateiam as pessoas. Você tem escolha, assim como as pessoas à sua volta. Fazer exigências mata a cooperação e a colaboração, que serão cruciais se você quiser que suas necessidades sejam atendidas de um jeito saudável.

Declarar sua preferência é parte de aprender a negociar suas necessidades. Você está iniciando uma conversa – e as conversas são vias de mão dupla. Nem sempre ou outros vão concordar. Então, muitas vezes as mulheres que começam (até que enfim!) a expressar suas preferências acabam se sentindo desanimadas quando encontram resistência. Se isso acontecer, não encare como um referendo talhado em pedra sobre o seu valor (terrível) ou o estado do seu relacionamento (arruinado). Isso é *importantíssimo*.

Os relacionamentos exigem dar e receber. Por isso é tão importante distinguir na sua cabeça o que é uma simples preferência, o que vale a pena negociar e o que é inegociável de cara.

Para suprir suas necessidades, você deve estar disposta a ser clara sobre o que quer e, então, abrir a mente e o coração para um meio-termo, uma conversa, uma negociação, um sim e até um não. Conceder com discernimento é importante (em especial se, no passado, você era a pessoa que sempre cedia). Saiba a diferença entre ceder só para manter a paz e fazer uma concessão justa e equânime. Se você sempre leva a pior nos acordos, isso não é saudável e não é justo.

Ser capaz de receber e respeitar o *não* de outra pessoa é tão vital quanto dizer o seu próprio *não*. Se uma resposta negativa a deixa tão magoada que você decide nunca mais pedir nada, então não há muito espaço para a outra pessoa no seu relacionamento, não é mesmo? Não pode haver apenas uma resposta correta do outro. Sim, seria ótimo se sempre concordassem com você, mas em muitos casos isso não acontece. Talvez você tenha que dizer algo como "Tudo bem, eu entendo. O que você estaria disposto a fazer, então?" ou "O que podemos fazer para satisfazer as necessidades de nós dois?".

PAPO RETO *Para que suas necessidades sejam atendidas, você precisa estar disposta a ser clara sobre o que quer e, então, abrir a mente e o coração para um meio-termo, uma conversa, uma negociação, um sim e até um não.*

Desejos. Os desejos estão um passo além das preferências, pois revelam aquilo que queremos com mais força. Por exemplo, talvez o seu desejo seja que o seu parceiro ou a sua melhor amiga entendam seus sentimentos, ou que pelo menos se importem com você o suficiente para tentar entender. Ouvir que você é "sensível demais" contraria o seu desejo genuíno de ser vista, compreendida e ouvida. Se esse desejo nunca for atendido, bem, mais cedo ou mais tarde haverá uma ruptura.

Assim como ocorre com as preferências e os pontos inegociáveis, é você quem define seus desejos – ninguém mais. Às vezes a influência da sociedade ou da família ofusca o que queremos de verdade. Uma amiga me contou que a filha mais nova ia se casar, mas não queria uma festa chique. Essa amiga botou pressão na filha para fazer uma cerimônia, mesmo que simples. Além disso, recrutou a primogênita para dizer à futura noiva: "Nós achamos que a coisa certa é você assumir esse compromisso na frente dos seus amigos e da sua família." Felizmente, a noiva foi muito clara ao dizer que não queria fazer nada disso. Na hora não comentei nada, mas fiquei bem alegre quando recebi um cartão-postal de Las Vegas com uma foto do jovem casal determinado e apaixonado recebendo as bênçãos de um imitador de Elvis. Acima de seus rostos sorridentes, a frase "Queria que você estivesse aqui!".

Às vezes, pessoas altamente sensíveis ou CARs deixam seus desejos de lado se sentirem que tentar alcançar (ou até mesmo expressar) o que querem vai magoar ou provocar o julgamento ou a ira de uma pessoa querida. Isso vale em dobro para pessoas altamente empáticas. Talvez, quando criança, você tenha se acostumado a perceber a desaprovação não verbal dos pais. Quaisquer que tenham sido as suas experiências, no passado ou no presente, esclarecer seus desejos *agora* é um ato de respeito por si mesma.

Pontos inegociáveis. São limites que não podem ser ultrapassados de forma alguma. Como nossos limites externos são direcionados por nossas preferências internas, os pontos inegociáveis são individuais. Você é a única que sabe quais são os seus e, portanto, deve se acostumar com o fato de que nem sempre seus entes queridos entenderão. Certa vez, tive um longo relacionamento com um homem que era compatível comigo de muitas formas, exceto por um grande problema: ele era sedentário, e eu queria estar com alguém que fosse mais ativo. O estilo de vida dele não combinava com o meu desejo de compartilhar meu amor pela atividade física com meu parceiro. É claro que eu podia fazer trilhas com amigos ou ir à academia sozinha, mas esse não era o ponto. Eu me lembro de dizer isso a uma amiga, que comentou: "Mas vocês dois parecem tão felizes. Não dá para deixar isso para lá?" A verdade era que talvez *ela* pudesse deixar isso para lá, mas eu sabia que não funcionava desse jeito para mim. Esse ponto inegociável levou ao nosso término. Para alguns, a afiliação política pode ser inegociável, ou opiniões sobre querer ou não se casar, ter filhos, etc.

Claro que existem exemplos mais drásticos, como infidelidade, traição, vício ou abuso. Em especial nessas situações de alto risco, é crucial conhecer os seus pontos inegociáveis, independentemente do que as outras pessoas pensem. Tive clientes que achavam que nunca se envolveriam com um alcoólatra ou um infiel até o momento em que aconteceu. Nesses casos, pode ser tentador justificar ou racionalizar o comportamento. Na verdade, os seus pontos inegociáveis são entre você e você mesma. Você não precisa da validação de ninguém para transformar um ponto inegociável em aceitável. A escolha é sua – e, mais importante, a *vida* é sua. Então, tenha clareza sobre o que é um *não* definitivo, e será mais fácil saber o que manter e o que descartar. Se quiser ajuda para conhecer as próprias preferências, desejos e pontos inegociáveis, confira o exercício na página 223.

Quando não falamos o que queremos, vivemos em um vácuo na nossa própria mente. Fazemos suposições sobre o que a outra pessoa sente ou deveria saber sobre nossos sentimentos. Para nos expressarmos com confiança, vamos mergulhar nos 3Rs (Reconhecer-Repelir-Responder).

Usando os 3Rs

Aprender a empregar a estratégia Reconhecer-Repelir-Responder vai ajudá-la a lidar com conflitos, expressar-se com confiança e, ainda por cima, estabelecer novos caminhos neurais. É uma das estratégias que vai construir a fundação de uma vida alinhada com os seus desejos.

1. **Reconhecer.** O que não está funcionando para você? Quais são suas sensações corporais? A situação atual lembra outras do seu passado, e isso contribui para as sensações físicas? Concentre-se em si mesma e nas suas emoções, em vez de julgar que outra pessoa está errada ou mal-intencionada. O objetivo aqui é aprofundar o autoconhecimento e entender o que é bom para você – e o que não é. Escutar o seu corpo pode despertar mais curiosidade sobre a própria experiência e interromper seu modo de funcionamento atual, abrindo espaço para algo melhor.

2. **Repelir.** Tenha coragem e disposição para sair da sua zona de conforto. Respire fundo, localize o foco de sua sensação física e se concentre naquele ponto até ele se expandir. Abra mão do que é familiar, seja uma crença limitante ou um velho comportamento. Identifique qualquer transferência ou padrão repetitivo de limites. Lembre que o agora não é o passado. Diga a si mesma: "Isso é só coisa velha" e deixe tudo para trás para poder entrar em uma mentalidade mais ponderada e estratégica.

3. Responder. Escolha falar e agir de modo mais consciente. Faça um pedido simples. Declare sua preferência, seu desejo ou seu ponto inegociável. Tome uma nova atitude.

Agora que você entende a importância de estabelecer novos padrões de comportamento (e sabe como fazer isso), vamos dar uma olhada em como os 3Rs funcionaram no caso de Magdalena e da vergonha que sentia diante da atenção indesejada que recebia.

No fundo de seu inconsciente, Magdalena duvidava de seu valor. Veja bem: quando se tem uma crença tão profundamente enraizada quanto a dela, o inconsciente está sempre procurando evidências que provem isso. Gosto de dizer que a mente inconsciente é a melhor assistente executiva do mundo. ("Viu, chefe, você estava certa; eles *estão* zombando de você.") Para silenciar essa mensagem incapacitante, Magdalena primeiro reconheceu que a sabedoria do seu corpo estava indicando um problema. Assim, começou a interromper o padrão indesejado.

A primeira pista foi o aperto que sentia no peito quando caminhava pela rua. Ao se tornar mais consciente, por meio da prática regular da meditação, ela começou a prestar mais atenção em seus instintos viscerais. Descobriu que se sentia ansiosa *antes mesmo* de ouvir qualquer coisa dos homens na rua. Sim, ela se sentia um milhão de vezes mais ansiosa depois, mas identificar que essas emoções estavam presentes antes das interações desagradáveis foi revelador. Magdalena se preparava para a atenção indesejada, e essa energia premonitória desempenhava um papel significativo nas experiências dela.

Magdalena começou a investigar por que não amava o próprio corpo e todos os pensamentos e sentimentos que acompanhavam sua vergonha. Apesar de não ter qualquer relação com os estranhos que passavam as cantadas, ela estava com um problema relacionado aos limites. Sentia-se inibida quando andava pelo mundo. Eu sabia que ela poderia agir de outro modo. Muitas pessoas acreditam que os limites servem para afastar os comportamentos indesejados, o que é verdade até certo ponto, e agem de acordo com essa crença. Mais importante que isso, porém, é que eles protegem o seu espaço sagrado interior.

Magdalena não tinha a capacidade de controlar os estranhos. Mas, para se proteger, podia, sim, mudar seu diálogo interno e, portanto, sua experiência. Como aprendemos no capítulo 5, sempre temos alguma influência (consciente ou não) no desenrolar da nossa própria história. E nossa realidade interna, autoimagem e identidade se baseiam nessa história. A narrativa de Magdalena – de que ela não tinha valor – *era* algo que podia ser mudado.

No meu consultório, ela começou a desenvolver uma aceitação genuína e um amor pelo próprio corpo. Analisou como aquele corpo lhe permitia aproveitar a vida. Ela era capaz de dançar salsa, saborear o prato favorito (frango assado com alecrim e batatas gratinadas) e admirar a natureza. Nada disso seria possível sem aquele corpo. Magdalena passou a se amar mais. Conseguiu *repelir* os pensamentos negativos e abrir a mente para uma experiência mais leve e empoderada. Começou a entender que sua felicidade dependia muito mais dos próprios pensamentos do que das ações dos outros.

Ao mudar sua resposta, Magdalena optou por contar uma nova história. Quando ouviu mais uma vez "Uau, garota. Você é toda gostosa!", ela sorriu e repetiu a mesma afirmação para si mesma: *Isso mesmo. Tenho um corpão em forma, cheio de curvas e lindo.* A mesma bunda, a mesma rua, o mesmo fanfarrão, mas uma experiência completamente nova.

A única coisa que mudou foi a mente de Magdalena, que encontrou um jeito mais libertador e positivo de interpretar os acontecimentos. Aquela primeira experiência foi superpoderosa. Sua nova história afirmativa sobre o corpo despertou uma sensação geral de entusiasmo e, com o tempo, ela passou a exalar autoconfiança quando andava pela rua.

PAPO RETO *Use a estratégia dos 3Rs (Reconhecer-Repelir-Responder) para reconhecer velhas reações, repelir sintomas físicos e transferências e, então, responder com uma consciência que se alinhe com o resultado que você deseja.*

Essa mudança de perspectiva desencadeou um efeito dominó profundo em outras áreas da vida de Magdalena. Ela passou a tomar mais iniciativas no trabalho e decidiu que queria dar um tempo nos namoros. Eu enxergava uma mudança clara até mesmo no meu consultório. A cabeça estava sempre erguida, e ela irradiava autoconfiança e vitalidade. Enfim Magdalena se sentia como a deusa que sempre foi, tudo porque resolveu fazer o esforço necessário para aprender um jeito melhor de se relacionar consigo mesma.

Ainda que os problemas de Magdalena com limites não envolvessem entes queridos ou colegas, os mesmos princípios se aplicam a pessoas que conhecemos e com quem interagimos em um nível mais íntimo. Por exemplo, uma mulher cujo parceiro sempre faz planos sem consultá-la poderia usar a mesma estratégia em três passos:

1. **Reconhecer** como ela se sente de verdade a cada vez que a situação se repete e usar essa informação para se motivar a interromper a própria reação-padrão. (Ficar chateada em silêncio e com o estômago revirado.)

2. **Repelir** qualquer crença antiga que seja baseada em um evento passado ou uma história limitante. (*Eu me sinto invisível, assim como me sentia com meu pai/irmã/treinador, mas não preciso deixar o passado guiar o presente.*)

3. **Responder** com um simples pedido para o parceiro consultá-la antes de comprar o "Pacote de Viagem Super Bowl Deluxe" como "presente" de aniversário de casamento. (*Adoro a ideia de fazer algo especial para comemorar nosso aniversário de casamento e gostaria que decidíssemos juntos o que fazer.*)

Muitas de nós temos a tendência de atribuir significados negativos a interações e experiências do dia a dia. Essas interpretações ditam nossas respostas emocionais e como elas nos impactam. Lembre-se: a "verdade" é subjetiva. Ter perspectiva é *tudo*.

A Encruzilhada: um aviso (e um incentivo)

Neste momento, você se encontra em um ponto crítico na sua jornada de transformação. Talvez esteja se sentindo um pouco indefesa e até nua, tipo *Por que a Terri tirou todas as minhas armas?*. Mas escute só: usar jeitos indiretos, esquivos ou ineficazes de se comunicar pode ter sido um *modus operandi* familiar no passado, porém vamos usar uma lupa aqui. Os velhos hábitos podem estar bem arraigados nos caminhos neurais do seu cérebro, mas isso não quer dizer que tenham funcionado *de verdade* a seu favor. Você já sabe demais para voltar aos velhos mecanismos de defesa e estratégias disfuncionais do passado, mas ainda não dominou as novas habilidades. Chamo esta fase da transformação pessoal de *Encruzilhada*.

Você foi até o fundo do porão metafórico e acendeu a luz. Não pode apagar o que viu. Isso também quer dizer que não conseguiria retornar à velha maneira de ser, mesmo que quisesse. E, confie em mim, você não quer.

É comum que a resistência volte a aparecer nesta fase. Sim, a resistência é um jogo de repetição até que os novos comportamentos sejam incorporados. Tudo bem. O que é novo pode também ser *muito* desconfortável (daí a resistência!). É a hora perfeita para exercitar seus músculos. Lembre-se: você é mais forte do que pensa.

PAPO RETO *Dar passos pequenos e consistentes para se afirmar é uma boa forma de acelerar sua passagem pela Encruzilhada. Você chegará mais rápido ao outro lado do seu comportamento disfuncional.*

Para atravessar a Encruzilhada, você pode treinar suas novas habilidades com pessoas que estão mais embaixo na sua lista de importância. É natural você sentir que há menos coisa em jogo em relacionamentos com, digamos, uma conhecida que só vê algumas vezes por ano ou o carteiro. Em vez de sentir uma pontada de irritação toda vez que vir a correspondência do antigo morador enfiada na sua caixa de correio minúscula e ficar quieta na esperança de que o carteiro perceba que tem algo de errado, você pode fazer um pedido direto. "Eu gostaria de falar uma coisa/fazer um pedido." (Assim, você diminui a probabilidade de gritar "Essa tal de Sandra não mora aqui faz cinco anos! Como você não sabe disso?!") Comece com interações de pouco risco e impacto com pessoas de baixa prioridade na sua vida.

Procurar oportunidades de se afirmar é uma forma eficaz de acelerar sua passagem pela Encruzilhada. Dê pequenos passos nos relacionamentos com os quais você mais se importa. Diga a seu parceiro que você adora asas de frango apimentadas, em vez de sempre comer a versão sem tempero que ele prefere. (Pense em como você conhece as preferências das pessoas que a cercam, mas elas não conhecem as suas.) Existem infinitas oportunidades de começar a ocupar mais espaço no mundo. Cada vez que faz isso, você reforça um fato vital: *você* é importante.

Reconhecer seu progresso passo a passo cria uma fonte de esperança que a ajuda a ganhar resiliência; uma reserva indispensável de persistência e dedicação. *Vai* haver momentos difíceis. Você *vai* querer desistir. Mas, por favor, saiba que também *vai* chegar um momento em que o seu novo normal se manifestará sem que você precise investir tanta energia e planejamento.

Papo reto, querida: a sua zona de conforto é uma prisão. É hora de sair dela, porque é do lado de fora que fica tudo o que você deseja. Vamos expandir suas percepções e, em seguida, criar novos comportamentos até que esse jeito inédito de ser gere um novo caminho neural e passe a ser o seu padrão. Estou tão empolgada por você!

ENTRE EM AÇÃO

1. **Lembrete mental.** Preste atenção às pistas do seu corpo. Ao longo do dia, se pergunte: "Do que eu preciso neste momento? Estou com fome, sede, sono? Preciso me espreguiçar ou me mover?" Então, tire um tempo para oferecer a si mesma o que precisa.

2. **Vá mais fundo: conheça suas preferências, desejos e pontos inegociáveis.** O autoconhecimento é uma das bases para o desenvolvimento das habilidades de estabelecer limites. Para aprofundá-lo, vá para a página 223, na seção "Vá mais fundo", e descubra suas preferências, desejos e pontos inegociáveis.

3. **Inspire-se: frases motivacionais podem ajudar, sim!** Criar frases motivacionais personalizadas é um jeito eficaz (e divertido!) de inspirar a transformação. Você pode encontrar um guia passo a passo na página 224, na seção "Vá mais fundo".

CAPÍTULO 7

Saem os limites reativos, entram os limites proativos

MINHA PACIENTE MARIA COMEÇOU A FAZER terapia comigo porque, em toda a vida adulta, esteve sempre entre 25 e 40 quilos acima do peso ideal, o que tinha começado a impactar sua saúde. Ela havia tentado de tudo, mas mesmo quando emagrecia era incapaz de manter a perda de peso. Seus esforços, disse ela, eram em vão.

"Meu corpo dói. Estou cansada. Por mais que ame meu marido, acho que ele quer que eu continue como estou", admitiu, baixando a cabeça de vergonha.

Admirei a coragem dela. Também tive o primeiro vislumbre de onde nosso trabalho deveria começar.

Casada com Gus havia 20 anos, Maria era uma mãe empreendedora que tinha se dividido entre a criação dos dois filhos, Cleo e Dimitrious, e a construção de uma empresa bem-sucedida na área da beleza, vendendo produtos veganos para cuidados com a pele e a nutrição. Ela descreveu o casamento como uma relação feliz e de apoio mútuo. Maria e Gus priorizavam com naturalidade as crianças e a vida em família e se apoiavam na rotina com os filhos. Eles gostavam de ir a shows juntos e de estar com parentes e amigos em churrascos, clubes de leitura e jantares divertidos e animados. Além de participar ativamente da agitada vida familiar e social, Gus era um ouvinte paciente e atento, relatou Maria. Parecia que os dois tinham um bom relacionamento.

Quando pedi que falasse mais sobre o que estava dando errado, ela admitiu que, no começo de qualquer tentativa de perder peso, Gus a incentivava e apoiava... até a terceira ou quarta semana. (*Parabéns por perceber*, pensei.) Assim que perdia alguns quilos, Maria sentia uma mudança na postura e no comportamento do marido. Por exemplo, ele preparava o bolo preferido dela e dizia que ela podia se "mimar" um pouco. Ou fazia uma reserva para a família inteira no restaurante italiano favorito de todos para uma "ocasião especial".

Maria também contou que, em vez de apoiá-la no esforço para caminhar 20 minutos por dia, Gus sugeria que eles terminassem de ver algo na Netflix ou prometia que faria a caminhada com ela no dia seguinte, mas não cumpria.

Como, em geral, Gus era um parceiro que a apoiava, concluí que talvez esses comportamentos sabotadores indicassem que ele se sentia inconscientemente ameaçado pela perspectiva de que a esposa perdesse peso.

Nossa tarefa era entender melhor a dinâmica atual entre Maria e Gus, incluindo as motivações psicológicas ocultas que haviam produzido aquela situação, e dar a Maria o poder de criar e expressar limites saudáveis. Assim, ela poderia proteger seu objetivo de emagrecimento, dar início a uma comunicação consciente sobre o tema com Gus e mudar os limites entre os dois.

Acordos tácitos de limites

Pelo que Maria descreveu, parecia que ela e Gus haviam feito um pacto silencioso para evitar conflitos, sufocar parte de suas personalidades que pudessem ameaçar a relação e assim manter o outro confortável. Se identificou?

Talvez você já tenha vivido a experiência de aceitar que um parceiro ou ente querido deteste a comunicação direta sobre assuntos com alta carga emocional. Você pisa em ovos desviando de problemas em vez de lidar abertamente com eles. Outro exemplo de acordo tácito de limites costuma aparecer bastante em famílias. Talvez seu pai, sua mãe ou um irmão sejam dominadores e, sem escancarar, tentem controlar você com dinheiro ou conselhos não solicitados. Você não *gosta* de se sentir controlada, mas, em vez de falar isso, só faz que sim com a cabeça e sorri, ardendo de ressentimento por dentro.

SUA VEZ:
Crie acordos claros

Acordos silenciosos são as regras tácitas das suas relações. Fazer suposições sobre os outros é o que leva a esse tipo de acordo. Para avaliar se você pode estar fazendo suposições para evitar uma conversa sincera, reserve alguns minutos para refletir sobre as perguntas a seguir:

- Quando quer muito que alguém faça algo por você, passa pela sua cabeça que a pessoa deveria intuir, entender ou *simplesmente saber* – afinal, para você, aquilo é óbvio?

- Você deixa que comentários ofensivos passem batidos, dizendo a si mesma que não era bem aquilo que a pessoa queria dizer?

- Você presume que, se valorizar bastante o aniversário de um amigo, ele vai retribuir no seu aniversário?

- Você às vezes pensa *Eu não devia ter que falar isso para ela* ou *A esta altura, ele já devia saber disso*?

Identificar como suas suposições estão afetando sua capacidade de se comunicar com clareza é o primeiro passo para criar acordos honestos e transparentes.

Assim como o Mapa de Limites, esses pactos silenciosos costumam se proliferar sem ser examinados. Mantidos no escuro, eles podem ser muito destrutivos. Quando acordos tácitos de limites estão ativos, você talvez sinta que falar o que sente não é uma opção. Mas agora você já sabe que *sempre* tem opção.

Maria não fazia ideia de que o problema era um acordo tácito de limites no casamento. Para mim, parecia claro que os dois tinham medo de mudar a dinâmica de limites já estabelecida, em especial porque o estado geral da relação era positivo. Para todos os seres humanos, o medo da mudança costuma ser o primeiro obstáculo para instituir planos proativos de limites.

No entanto, a única certeza da vida é a mudança. De acordo com meu amigo e especialista em meditação Davidji, a mudança é como a respiração. Ela não é parte do processo, é o processo *em si*. Render-se ao fluxo de transformações da vida pode ser profundamente libertador. Tomar a decisão consciente de se lançar no desconhecido é *realmente* um divisor de águas. Você pode aprender a acolher o mistério, que é onde moram todas as infinitas possibilidades da sua vida.

Para muitas de nós, entender esse conceito na teoria é uma coisa, mas encontrar tranquilidade em meio às mudanças, em especial quando se trata de estabelecer limites pessoais, é outra.

Somos projetados para temer as transformações, como discutimos no capítulo 3. Mesmo não enfrentando mais situações de vida ou morte como nossos ancestrais, o medo ainda surge. Quando esse sentimento profundo e primitivo nos domina, é difícil se libertar. Felizmente, você agora tem os 3Rs (Reconhecer-Repelir-Responder) na sua caixa de ferramentas. Os 3Rs vão ajudá-la a apertar o botão de pausar diante de qualquer reação fisiológica padrão. Isso permite que você reaja com mais reflexão e cuidado a situações que provoquem ansiedade.

Você precisa ter esses 3Rs na manga. Conforme for avançando na aquisição de habilidades e no conhecimento dos seus limites pessoais, pode encontrar alguns obstáculos de novo. Talvez você tenha medo do sucesso (ficar mais saudável significa renunciar a alguns confortos dos seus hábitos nada saudáveis) ou do fracasso (ficar mais saudável pode significar um risco maior de desconforto e imperfeição).

PAPO RETO *Diante do medo da mudança, nossa tendência é nos apegarmos a comportamentos antigos e habituais, mesmo quando eles não contribuem para alcançarmos os resultados desejados.*

O medo do sucesso e do fracasso são duas faces da mesma moeda, e essa moeda é o medo da mudança. Conforme for descascando a cebola da sua angústia e entrando em contato com cada camada, observe que o medo da mudança é, na verdade, o medo da perda. Perdemos o território conhecido para entrar no inexplorado. No entanto, com uma mudança de mentalidade, poderemos vivenciar a transformação como algo mais empolgante que amedrontador.

Não é de surpreender que, em relações já estabelecidas, iniciar mudanças possa parecer ameaçador para as duas partes, mesmo quando sabemos no fundo do coração que aquelas mudanças precisam acontecer.

Para ajudar você a lidar com o medo de mudar dinâmicas de limites muito arraigadas, vou orientá-la nas etapas essenciais para transformar essa dinâmica reativa em proativa. Quando você entender *como* fazer isso, o medo talvez persista, mas não a impedirá de tomar a iniciativa e falar a sua verdade.

Esse processo passo a passo vai prepará-la para perceber conflitos sobre limites logo no começo, transformar seus hábitos de comunicação indireta e se afirmar com confiança. Para ter sucesso, você precisará identificar suas preferências, desejos e pontos inegociáveis, como fizemos no último capítulo, e conhecer (ou prever) com quem está lidando. Também será necessário refletir sobre que tipos de relação você busca em todas as áreas da vida.

Digamos que um colega de trabalho, Bob, vive fazendo chamadas de vídeo quando você está em casa, fora do expediente, o que é muito desagradável. Se você for reativa a respeito dos limites, talvez dê algumas pistas, como respostas monossilábicas ou umas patadas (incluindo revirar de olhos). Com isso, espera que ele perceba que está visivelmente irritada e pare. Mas não é o que acontece e, em pouco tempo, essa dinâmica vira uma velha conhecida.

Você precisa administrar o Bob em vez de esperar que ele se toque, e elaborar um plano proativo vai ajudar. Como novas ações e reações costumam encontrar resistência, pode apostar que Bob não vai gostar do fato de você estabelecer um parâmetro de "apenas no horário de trabalho". Faz todo o sentido. O mais importante, porém, é que se você prevê desconforto diante de qualquer mudança, pode crer que você e Bob têm um acordo tácito de limites. Ao não falar diretamente "Se toca, Bob", você na prática concorda com o comportamento invasivo dele.

Planos proativos de limites e acordos transparentes são essenciais em qualquer relação, inclusive entre colegas de trabalho, entre empresários e clientes e entre sócios. Eles definem suas expectativas, ajudam a evitar conflitos no futuro e aumentam sua chance de ter relacionamentos saudáveis e produtivos. Isso também vale para amigos, conexões familiares e vizinhos – basicamente, todo mundo. Limites proativos põem você no caminho do sucesso.

Mas tem uma coisa: é tarefa sua encarar seus medos de mudar acordos tácitos. Elaborar seu plano de limites proativos está nas suas mãos. Para fazer isso, é preciso olhar primeiro para seus *limites internos*, que refletem diretamente a saúde do seu relacionamento consigo mesma.

Limites internos

Enquanto os limites externos informam aos outros como você vai interagir (ou não) com eles, *limites internos* ditam sua interação consigo mesma.

Antes que Maria pudesse pôr seu plano proativo de limites em ação com Gus, precisávamos ter clareza sobre os limites internos: as experiências e os sentimentos que ela tinha dentro de si. Senti que esses limites poderiam ser mais saudáveis. Caso contrário, ela teria mais facilidade de recusar aquele maldito bolo com um simples "Obrigada, amor, mas não quero".

Ter limites internos fortes exige autoconhecimento e determinação para cumprir o que prometeu a si própria (é por isso que o exercício Aceitável/Inaceitável veio antes, no capítulo 2; se tiver pulado, volte e faça agora). Por exemplo, você talvez diga que vai adotar um novo hábito saudável, indo à ioga toda semana, mas, pouco tempo depois, falta porque se distraiu com as redes sociais/os amigos/seu sofá.

> **PAPO RETO** *Limites internos baseiam-se no autoconhecimento autêntico. Eles ditam os limites que você impõe a experiências e limites dentro de si, refletindo diretamente a saúde da sua relação consigo mesma.*

Ei, você é um ser humano. Não precisa ser perfeita, mas entenda que, quando faz uma promessa a si mesma e não cumpre (ou, de alguma forma, não consegue adiar uma gratificação instantânea que lhe traz prejuízo), você dá as costas a si mesma.

O autoabandono é um dos principais sintomas de limites internos danificados. Sua capacidade de fazer escolhas saudáveis fica comprometida. Quando se abandona repetidas vezes, você fica sempre três passos atrás da linha de chegada dos seus objetivos.

O valor de limites internos saudáveis é inestimável. Se você os tem, sabe que pode contar consigo mesma para fazer o que disse que faria. Você sente paz interior, porque confia em si própria para tomar conta de você. Por exemplo, para manter o compromisso da aula de ioga, você pede a sua mãe que a visite uma hora mais tarde do que ela propôs. Nessa situação, há dois tipos de limites: o interno (manter seu compromisso consigo mesma e não faltar à aula) e o externo (pedir a sua mãe que chegue uma hora depois). Ou não ficar com seu ex porque você quer um relacionamento mais profundo. Você tem clareza para dizer "para mim, não dá" a respeito de coisas que de fato se chocam com os resultados que deseja. Valoriza mais seus verdadeiros sentimentos do que a forma como os outros vão reagir aos limites que você colocar. Limites internos saudáveis lhe dão força para agir e tomar decisões de acordo com a sua verdade, para si mesma e nas suas relações. Esse conceito pode parecer simples, mas é muito desafiador para várias de nós.

Por quê?

Bem, a esta altura, você já entendeu que nossa família de origem estabelece os padrões de saúde dos nossos limites. Ou seja, se sua confiança foi quebrada na infância ou se seu espaço foi desrespeitado, seus limites internos atuais podem ser fracos. Quando o pai, a mãe ou os dois descumprem promessas, negligenciam, tratam mal ou são abusivos, é possível que você crie limites internos desajustados que persistam na vida adulta.

Uma pessoa com limites internos danificados deixa-se influenciar com muita facilidade pelos desejos e pelas expectativas dos outros (por exemplo, bebendo ao sair com amigos que bebem muito, mesmo que tenha prometido a si mesma que se absteria). Talvez comece cursos, treinamentos ou projetos e, em seguida, encontre motivos para largá-los antes do fim. Talvez prometa várias vezes ao/à seu/sua parceiro/irmã/amiga que vai começar ou parar um comportamento desejável/indesejável, mas não consegue manter a promessa. Ou não se comunique de maneira direta quando alguém age de maneira inapropriada ou cruza uma barreira profundamente pessoal.

PAPO RETO *O autoabandono é um dos principais sintomas de limites internos danificados.*

SUA VEZ:
Cumpra as promessas que fez a si mesma

Não deixe para mais tarde: faça agora um breve inventário de quando você não é fiel à sua própria palavra. Essa avaliação vai deixá-la mais consciente e ajudá-la a contar consigo mesma de modo mais constante.

- Você inventa justificativas para si mesma?

- Você usa expressões imprecisas? Fala "10 minutos", mas quer dizer "uma hora"?

- Você faz promessas que não pode cumprir?

- Você declara que vai mudar hábitos prejudiciais e não consegue ir até o fim?

- Você é influenciada facilmente por opiniões, ideias, julgamentos ou críticas de outra pessoa?

- Você é indecisa?

- Você costuma estabelecer objetivos e abandoná-los algumas semanas depois?

- Você tem dificuldade de falar com sinceridade se souber que os outros vão se opor ou discordar?

Se você respondeu sim a pelo menos metade das perguntas, seus limites internos precisam ser fortalecidos, então continue a leitura. Dedicar-se a si mesma importa porque *você* é importante.

Mudar esses padrões leva tempo, mas o essencial para o sucesso é a intenção de *parar* de se abandonar. Desacelere e crie mais espaço interno, por meio da atenção plena e da meditação (como falamos no capítulo 6), para reconhecer quando estiver prestes a reincidir em comportamentos antigos. Esse momento é o seu ponto de virada, a bifurcação na estrada; é a hora de escolher entre se apegar a hábitos conhecidos ou pegar um caminho diferente. Você vai continuar agindo igual, mesmo sabendo que isso não levará aos resultados que deseja? Ou vai escolher conscientemente um comportamento novo e com mais autoafirmação? Mantenha o quadro geral em mente, concentre-se em pequenos passos e comemore toda vez que se decidir pela nova conduta. Escolher *não se abandonar* (ou danificar seus relacionamentos) não apenas fortalece seus limites internos, mas também aumenta sua autoestima.

Assim como ocorre com muitas de nós, os limites internos de Maria se refletiam no conflito que ela tinha consigo mesma. Eu compreendia por que estava tão dividida. Manter a dinâmica familiar de limites era confortável. Além disso, ela sabia que o fato de Gus preparar seu bolo preferido e levá-la ao restaurante italiano combinava com as demonstrações de amor que ele sempre tinha dado a ela. Mas comer bolo e macarrão ao molho de quatro queijos não contribuía para o objetivo de perder peso e se sentir melhor. Então, no fim das contas, será que esses gestos eram realmente amorosos? Não. E era tarefa dela dizer isso ao marido.

Em seguida, tínhamos que preparar Maria para se fortalecer em relação aos desejos saudáveis e parar de se abandonar toda vez que Gus começava a preparar um bolo. Ela queria muito que ele fosse seu parceiro na busca por mais saúde, assim como a apoiava em todas as áreas da vida.

Concentrar-se no quadro geral fez com que Maria tivesse mais facilidade de parar de se culpar toda vez que acabava cedendo. Ela começou a lembrar a si mesma que pequenos passos pavimentavam o caminho para uma verdadeira mudança na dinâmica de limites entre os dois. Nas vezes em que dizia sim ainda que quisesse falar não, Maria analisava o que estava acontecendo no seu corpo. Qual era a *sensação* de se abandonar? Será que ela reconhecia essas emoções e sensações como sinais para aguçar sua curiosidade? Será que conseguia parar por tempo suficiente para escolher o comportamento mais saudável? Quando ficou claro que seus limites internos podiam ganhar musculatura, ela se sentiu mais esperançosa para promover mudanças com Gus.

PAPO RETO *Com limites internos saudáveis, você sempre pode contar consigo mesma para fazer o que disse que faria e se sentir em paz sabendo que é capaz de se cuidar.*

O contra-ataque

Quando Gus sabotava os esforços de Maria depois de concordar em apoiá-la, realizava uma clássica manobra de *contra-ataque*. Reacionário e quase sempre inconsciente, o contra-ataque é uma tentativa de resistir à mudança e reinstituir o *status quo*. O movimento de Maria para ficar mais saudável estava estremecendo a dinâmica estabelecida entre os dois, e o comportamento de Gus passava uma mensagem clara: *Não estou gostando dessa sua movimentação para ganhar saúde, Maria.*

Em outras situações, o contra-ataque pode vir sob a forma de expressões como "Você está levando essa história de vegetarianismo longe demais. Estou com medo de que adoeça" ou "Você está diferente desde que começou a fazer terapia. Não é mais a mulher feliz/sexy/gentil por quem me apaixonei".

Quer o contra-ataque se manifeste por palavras ou por atitudes, a intenção é igual: enfraquecer a pessoa que colocou um limite ou comunicou um claro desejo de mudança. Se você estiver recebendo um contra-ataque, saiba que talvez a tática não tenha uma intenção maldosa. Essas manobras podem ser irritantes, mas vale a pena superar seu desconforto para entender o motivo mais profundo da resistência do outro. Agir com firmeza e calma nessa hora pode lhe trazer um poder enorme e aprofundar a intimidade.

Maria sabia que Gus era um cara legal. Ele não era do tipo que a sabotava de forma intencional. Então, ela não ia chegar dizendo "Fala sério, Gus! Eu já saquei qual é a sua com essa história de bolo!" Em vez disso, queria entender por que, inconscientemente, o marido desejava que ela continuasse igual.

Era muito provável que Gus tivesse medo de perdê-la. E se, depois de emagrecer, ela não se interessasse mais por ele? A mulher que ele conhecia estivera de 25 a 40 quilos acima do peso durante todo o relacionamento dos dois. E se a versão nova e mais saudável de Maria quisesse ficar com outra pessoa nova e saudável?

Indo mais a fundo para criar uma nova dinâmica

Entender que Gus estava fazendo manobras de contra-ataque intensas (ainda que não intencionais) era um bom pontapé inicial. Saber que provavelmente o comportamento dele era motivado pelo medo, e não por maldade, deu um direcionamento para o plano de limites proativo de Maria. Como *ela* tinha entrado nessa dinâmica prejudicial? Afinal, vinha permitindo que o medo inconsciente de Gus afetasse o bem-estar *dela*. Assim como muitas dinâmicas de limites desajustados, essa situação não era boa para nenhum dos dois.

Maria cresceu em um sistema familiar defensivo, no qual as pessoas eram ultrassensíveis a críticas e não tinham as habilidades necessárias para discutir as coisas abertamente. Em vez de conversar, elas guardavam rancor ou expressavam a insatisfação de maneira passivo-agressiva, com sarcasmo ou provocações. Na vida adulta, para evitar conflitos, Maria se tornou muito condescendente, o que – surpresa! – afetava sua capacidade de se impor com Gus.

O tratamento que recebemos e o modelo de comportamento que observamos na infância determinam nossas reações ao que percebemos como críticas na vida adulta. Se seus pais aplicavam castigos severos pelos seus erros ou a faziam sentir vergonha com frequência, você talvez tenha desenvolvido uma resposta enraizada a comentários negativos (por exemplo, desvio ou negação) como um mecanismo de proteção. Esse instinto de autopreservação pode, por sua vez, desencadear uma postura defensiva quando alguém expressa raiva, frustração ou decepção com você. Comportamentos de adaptação na infância (como pôr as necessidades de um pai ou uma mãe instável acima das suas) se tornam obstáculos *enormes* à intimidade na vida adulta. Eles fecham a porta para a expressão autêntica e mútua e preparam o cenário para conflitos fúteis, não para a colaboração. É uma situação em que ninguém sai ganhando.

Na família de Maria nunca houve muita privacidade. A regra silenciosa e codependente de evitar temas difíceis fazia as pessoas guardarem seus sentimentos para si e usarem a comida para anestesiar esses sentimentos. Por exemplo, quando Maria estava chateada com a mãe, em vez de conversar, a mãe preparava o bolo preferido dela. (Sim, Gus fazia exatamente a mesma receita, que tinha obtido com a sogra.) Maria se lembra da mãe em pé ao seu lado dizendo: "Come! Vai fazer você se sentir melhor."

Em vez de aprender a identificar e expressar suas emoções e limites de maneira eficaz, Maria foi ensinada a abafar os sentimentos com doces e outros alimentos reconfortantes. Ela herdou da mãe o hábito de comer sobremesa para se acalmar. Enxergar a conexão entre o presente (não acolher seus sentimentos) e o passado (abafar os sentimentos com comida) foi *crucial* para Maria mudar a dinâmica de limites com Gus.

Também havia um contexto cultural. Maria e Gus vinham de grandes famílias gregas, nas quais alimentar as pessoas representa amor e afeto. Então, se recusasse a comida do marido, ela temia magoá-lo, e a ideia de causar dor ao parceiro era insuportável. Apesar de se apresentar como uma mulher positiva, otimista e despreocupada, Maria era, na verdade, profundamente insegura e com uma tendência a agir em busca de aprovação. Isso prejudicava ainda mais sua capacidade de estabelecer limites eficazes com Gus e outras pessoas. Maria precisava ter clareza de que a forma como os outros, incluindo o marido, reagiam quando ela expressava suas necessidades *não* era responsabilidade dela. Não fazia parte do território dela. A responsabilidade de Maria era conhecer, expressar e negociar suas necessidades.

Com essas informações em mente, começamos a elaborar o plano proativo de limites. Nossa intenção era que Maria se responsabilizasse por seu bem-estar e fizesse um pedido simples de maneira sucinta: que as palavras e as ações de Gus apoiassem seu estilo de vida saudável (chega de bolo, querido!). Ela também falaria de seu compromisso com o casamento deles, independentemente de quanto pesasse.

Iniciantes e infratores reincidentes nos limites

Antes de aplicarmos nosso conhecimento teórico sobre limites à sua vida prática, precisamos entender os dois tipos de pessoas com que muitas de nós lidamos: os *iniciantes nos limites*, como Gus, e os *infratores reincidentes*.

Iniciantes nos limites são aqueles a quem você nunca expressou um limite com palavras. Entre eles, pode haver um colega de trabalho que acha aceitável pedir conselhos a você sobre os problemas conjugais que está enfrentando (sendo que você não é terapeuta nem amiga dele). Ou uma irmã que sempre pega seu vestido preferido emprestado sem pedir. Você talvez pense secretamente que esses indivíduos são pessoas egocêntricas que se aproveitam de você. Pode ser que eles nem percebam isso, ignorando suas dicas sutis. Ou talvez interpretem o fato de você não os repreender como um consentimento. Seja qual for o tipo de interação, você ainda não deu a eles a oportunidade de mudar de comportamento. Para isso, precisará fazer um pedido simples envolvendo os seus limites, de forma clara e calma. A reação ao seu pedido vai fornecer dados importantes sobre o que a pessoa realmente pensa e sente.

Infratores reincidentes são diferentes. São aquelas pessoas a quem você já expressou seus limites, mas que continuam cruzando a linha que você traçou de forma explícita. Eles alegam ignorância, têm memória seletiva ou até tentam convencê-la a deixar seu próprio limite de lado. O parceiro que desdenha da sua antipatia pelo harém de ex-namoradas dele, dizendo que o problema está na sua insegurança. Ou um colega de trabalho que deixa você esperando 15 minutos do lado de fora do local combinado, como de costume, e diz "Tive que fazer uma parada rápida para devolver uma coisa em uma loja no caminho; obrigado por esperar", mesmo que você tenha pedido claramente que ele avisasse com antecedência sobre qualquer mudança de horário. Ao lidar com infratores reincidentes, você precisa acrescentar consequências específicas aos seus pedidos de limites. Vamos falar sobre isso na seção "O poder das consequências", na página 148.

Pode ser tentador ficar muito frustrada com os infratores reincidentes, sobretudo se ainda houver pendências no seu porão relacionadas a não ser vista ou ouvida na infância. Respire fundo. Essa pessoa *pode* ser uma destruidora de limites, alguém que não tem interesse ou capacidade de levar seus verdadeiros sentimentos em consideração (um conceito que vamos abordar no capítulo 9). Mas você só saberá disso quando acrescentar consequências ao pedido de limites e, então, aplicá-las.

PAPO RETO *Quando mudar a dinâmica de limites em um relacionamento estabelecido, você pode se deparar com uma manobra de contra-ataque. É uma tentativa inconsciente de resistir à mudança e restaurar o status quo.*

Esteja você lidando com um iniciante ou um reincidente, sua tarefa é se manter conectada aos seus sentimentos e objetivos. Lembre-se: quando você incluir novos elementos em qualquer dinâmica de limites, a outra parte vai notar. Algumas pessoas ficam gratas pelas novas instruções, outras não. Não deixe que o medo da reação do outro influencie suas decisões. Isso é crucial para o seu sucesso.

Muitas de nós, em especial as codependentes de alto rendimento e as empáticas, foram habituadas a servir às necessidades alheias. Uma das maiores dificuldades para colocar limites é a hipersensibilidade à rejeição. Ao declarar suas preferências, desejos e pontos inegociáveis, é essencial entender que a resistência ou a reação da outra pessoa é território *dela*. Ou seja, é responsabilidade dela. Concentre-se em *você*. Ainda que dê vontade de fazer uma análise psicológica profunda da experiência do outro, isso não vai ajudar nos seus objetivos de empoderamento no longo prazo. (Sem falar que a saúde mental *dele* compete apenas a ele.)

É bom estar preparada para algum nível de resistência. Você dá conta do recado. Não interprete a reação das pessoas (verbal ou não) como um sinal para abortar a missão. Fique firme e tenha fé. Lembre-se de que a mudança acontece passo a passo. É só continuar pondo um pé na frente do outro.

De pequena mudança em pequena mudança, seu treinamento terá como recompensa sua felicidade no futuro.

Criando seu plano proativo de limites

Seu plano proativo de limites vai se basear na sua história, experiência de vida e no seu estilo natural de limites. Elaboramos planos diferentes para cada relacionamento e levando em conta se você está lidando com um iniciante ou reincidente. Também é bom avaliar o melhor momento para falar com alguém. Por exemplo, se você sabe que sua chefe fica de mau humor antes de almoçar, espere até a tarde para conversar com ela sobre tirar férias.

Vamos ao passo a passo.

Passo um: seja específica em relação ao seu limite. Querer que as coisas sejam diferentes não é o bastante. Se você se pegar pensando que seria bom se uma pessoa querida fosse mais "sensível", desafie-se a ser mais clara. Talvez seu verdadeiro desejo seja obter reconhecimento.

Por exemplo, em vez de reclamar com seu parceiro que vocês dois precisam lidar melhor com o dinheiro, faça uma sugestão objetiva – e chegue a um acordo – de não comprar nada acima de certo valor sem consultar o outro.

Quanto mais direto ao ponto você for, maior a probabilidade de ser compreendida e de que suas necessidades sejam atendidas. Por isso, é crucial esclarecer internamente o que você quer, com a mesma clareza.

Passo dois: analise a si mesma. Olhe para dentro e veja se ainda há algum material inconsciente alimentando um limite nocivo. Use a ferramenta das três perguntas do capítulo 5. Questione-se: essa pessoa me faz lembrar de quem? Onde senti isso antes? Por que ou como a dinâmica comportamental entre nós dois me soa familiar?

As 3Ps logo dão indícios de que pode haver uma reação de transferência prejudicando sua capacidade de enxergar a situação com clareza. Trazer o inconsciente à consciência liberta você para traçar um limite com base no contexto atual, sem influência de velhas feridas mal resolvidas.

Passo três: visualize o resultado. Imagine como você quer que ocorra sua conversa sobre limites. É essencial se desligar do medo e se concentrar nas coisas boas. É incrível ser vista e ouvida. É maravilhoso ter a coragem de se mostrar de forma autêntica.

A visualização é uma técnica comprovada, usada por atletas de elite para melhorar seus resultados. Esse trabalho de preparação psicológica cria as condições ideais, internas e externas, para traçar o limite de maneira bem-sucedida. Como só temos controle sobre nós mesmas, o objetivo é declarar claramente os limites que desejamos. A reação da outra pessoa vai revelar o que ela está disposta a fazer ou do que é capaz. Por exemplo, se alguém se recusar a encontrar um meio-termo, não se interessar pelos seus sentimentos ou ficar ofendido por você ter tido a audácia de ser assertiva, é a sua oportunidade de oferecer uma resposta mais adequada e, talvez, repensar o relacionamento.

Seus sentimentos e suas expectativas têm uma influência enorme sobre os resultados que almeja. O segredo para criar o que você quer, seja ter sucesso em exigir um limite ou qualquer outra coisa, é visualizar e *sentir as emoções* de alcançar seu objetivo. Para isso, aguce todos os sentidos durante a visualização: visão, olfato, paladar, tato e audição.

Passo quatro: crie um roteiro usando uma linguagem concisa, direta e adequada. Dependendo da situação, seu objetivo será informar a outra pessoa a respeito de preferências, desejos, pedidos ou limites e, em alguns casos, seus pontos inegociáveis.

Por exemplo, você pode dizer: "Eu queria fazer um pedido simples. Quando você pegar o carro emprestado, devolva com o tanque cheio, e não vazio." Ou: "Eu queria que você soubesse que as mensagens que ficou me mandando durante o nosso encontro de família hoje me distraíram. Queria pedir que no encontro da semana que vem você siga as regras que combinamos e deixe o celular no quarto."

PAPO RETO Como só temos controle de nós mesmas, o objetivo é afirmar claramente os limites que desejamos. A reação da outra pessoa vai revelar o que ela está disposta ou do que é capaz.

Você não precisa dar o contexto todo quando fizer um pedido ou colocar um limite (você estava distraído, o que *me* distraiu). No entanto, em alguns casos, informações complementares podem ajudar o outro a entender melhor sua motivação (o desejo de seguir acordos e de estar realmente presente no encontro).

Mas tome cuidado: ao oferecer mais informações, não tente convencer a pessoa de que você tem direito a estabelecer um limite. Não é preciso persuadir ninguém disso (a não ser a si mesma, então segue um lembrete amigo: *você tem o direito de falar a verdade*). Dar o contexto apenas acrescenta mais uma camada de informação para que o outro entenda melhor a sua motivação e o limite que está colocando.

Passo cinco: expresse gratidão. Reconhecimento e gratidão são essenciais para o sucesso do seu plano proativo de limites. O reforço positivo de novos comportamentos aumenta a probabilidade de que eles perdurem. Uma declaração simples como esta pode aumentar a boa vontade entre você e o outro: "Fico agradecida por você me consultar antes de combinar a programação com a Betty. Sua consideração faz com que eu me sinta vista e amada. Obrigada." Quanto mais boa vontade, mais valorizadas as duas pessoas se sentem e mais flexível e duradoura a relação se torna.

Amor e limites

No caso de Maria, mesmo se ressentindo da interferência de Gus e sabendo que isso era disfuncional, ela ainda se sentia culpada por "rejeitar" as demonstrações de amor dele à base de bolo e comida italiana.

Essa culpa a tinha levado a conspirar com a parte menos saudável do marido. Se pudesse romper essa dinâmica prejudicial, ela também impediria que *ele* a incentivasse a abandonar seus esforços para ter mais saúde.

Essa perspectiva positiva ajudou Maria a se empolgar. Ela viu a possibilidade de os dois saírem ganhando.

Propor um limite em termos simples e diretos permitiria que ela lutasse por um relacionamento que atingisse o máximo do seu potencial, mesmo que Gus encarasse o pedido dela com resistência. Era inevitável que o conhecimento maior de Maria sobre limites respingasse no casamento. Com sorte, isso poderia abrir espaço para que tanto ela quanto Gus interagissem em um nível elevado e mais autêntico, aprofundando a intimidade. Depois de todo o nosso trabalho juntas, só restava uma pergunta: será que Gus era flexível o bastante para suportar a mudança e aprender uma nova dinâmica de limites?

Como mulheres, muitas vezes nos ensinam: "Se você não tiver nada de bom para dizer, fique calada." A mensagem é clara: *Não reclame! Seja complacente! (Não reclamar quando você levou na cara dura o crédito pela minha ideia na reunião de hoje, Bob? Sério?)* Conseguimos ver como essa lição nos prejudica. Ainda assim, nem sempre é fácil mudar de postura e falar o que pensamos.

No fim das contas, uma das necessidades mais essenciais do ser humano é ser compreendido. Se isso não acontece em um relacionamento ou na vida, a pessoa pode mergulhar em um desânimo profundo. A solidão pode ser a precursora de uma depressão e até de pensamentos suicidas. Os sentimentos de solidão mais dilacerantes podem acontecer em relacionamentos nos quais somos ignoradas. Ou, pior ainda, em que nossas emoções não importam. Mais um motivo para dizer o que quer.

PAPO RETO *Planos proativos de limites dão a você as ferramentas para prever situações em relacionamentos já existentes e para mudar dinâmicas de limites com iniciantes e reincidentes.*

Tornar-se fluente na linguagem dos limites é a ponte para experiências mais profundas e satisfatórias em todas as suas relações. Elaborar seus roteiros específicos sobre limites e ensaiá-los em voz alta (para si mesma, no espelho, ou com um/a amigo/a) antes da conversa pode aliviar um pouco da tensão. Quanto mais você fizer isso, mas fácil e natural será. Coragem!

Encontrando as palavras certas

Minhas clientes relatam que o mais desafiador ao elaborar um plano proativo de limites pode ser encontrar as palavras certas. No capítulo 10, vamos falar sobre roteiros e cenários reais, mas você pode começar a refletir sobre essa questão agora mesmo. Esperar para quê?

Um fato importante é que você não precisa das palavras ou da execução perfeitas. No começo, a única necessidade é agir – esqueça o perfeccionismo.

O objetivo do roteiro de limites é criar uma declaração usando uma linguagem adequada e clara para informar sobre um problema ou desejo. Os passos abaixo baseiam-se nas quatro partes do Processo de Comunicação Não Violenta desenvolvido por Marshall B. Rosenberg.

Enuncie o problema. Se a situação acabou de acontecer, você pode começar alertando o outro: "Quero falar sobre você para pegar minhas coisas emprestadas sem me pedir."

Declare seus sentimentos. Em seguida, descreva o seu estado emocional. "Estou procurando meu xale preferido há duas semanas e fiquei chateada por você só me contar agora que o pegou emprestado sem me perguntar antes."

Faça um pedido simples. Exponha a sua necessidade de modo natural e sem confrontar. De acordo com Rosenberg – autor de *Comunicação não violenta*, obra pioneira na resolução de conflitos –, todos os pedidos podem ser simples. Além disso, você pode acrescentar um benefício mútuo. Por exemplo: "Eu queria só pedir que, no futuro, se quiser pegar alguma coisa emprestada, você me peça primeiro, para que a gente possa continuar a compartilhar roupas [benefício] e não estrague nosso encontro semanal de irmãs discutindo [benefício]."

Sugira um acordo. "Podemos concordar que, se quiser pegar alguma coisa minha emprestada, você me peça primeiro?" Um acordo mútuo é uma forma de envolver a outra pessoa e fazer com que ela também assuma responsabilidade pelo sucesso da nova dinâmica de limites.

Talvez você precise repetir seu limite várias vezes, mesmo com quem está aberto a respeitá-lo. Padrões comportamentais enraizados precisam de tempo e repetição para serem transformados porque exigem que estejamos atentos toda vez que escolhermos um novo comportamento. Isso é difícil para a maioria de nós.

Um estudo conduzido pelos psicólogos de Harvard Daniel Gilbert e Mathew Killingsworth descobriu que as pessoas não se concentram no mundo exterior nem no que estão fazendo em quase 50% do tempo. Esse fenômeno é chamado de "divagação mental". No artigo que escreveram para a Harvard Medical School, os pesquisadores afirmam que a divagação mental tem um propósito importante, que é reduzir a ansiedade. Os mesmos circuitos cerebrais responsáveis por esse fenômeno também nos ajudam a manter nosso senso de identidade e entender com mais precisão o que os outros estão pensando.

Para obter sucesso com seus limites, é importante entender que a pessoa com quem você está tentando estabelecer uma nova dinâmica não está consciente o bastante para escolher uma nova ação em quase *metade* do tempo. Então é preciso ter paciência.

O poder das consequências

Para os infratores reincidentes, há um passo extra: acrescentar consequências quando eles ignoram pedidos repetidamente. Definir e declarar consequências claras pode motivar a outra pessoa a respeitar seus limites, o que, por sua vez, protege você. Por exemplo: "Eu só pedi que você me pergunte antes se quiser pegar alguma coisa minha emprestada. Você concordou com isso um mês atrás, depois de pegar meu vaporizador sem pedir. Eu gostaria muito que você cumprisse com a sua palavra. Se isso acontecer de novo, acho melhor eu pegar a chave do meu apartamento de volta."

Com iniciantes em limites, não é preciso estabelecer uma consequência. Comece sendo transparente a respeito de seus limites e suas preferências. Você talvez se surpreenda positivamente com o efeito da sua comunicação.

No caso de Maria, era possível acrescentar uma consequência caso falar sobre o benefício mútuo não bastasse para motivar Gus a mudar. Por exemplo: "Se você continuar me oferecendo comidas que prejudicam meu objetivo de perder peso, vou preparar minhas refeições separadamente das suas." Isso talvez não pareça uma consequência muito grave para algumas pessoas, mas, no sistema familiar deles, em que comida é sinônimo de amor, estabelecer essa separação teria um grande significado.

As consequências devem ser proporcionais à violação de limites e ao nível de dor ou desconforto que ela causar. A consequência para alguém que vive furtando dinheiro da sua carteira (cadeia) não deve ser igual à de alguém que sempre aparece 20 minutos atrasado (não fazer mais planos com ele). Temos que escolher com sabedoria as batalhas que vamos travar e aceitar que ceder é parte fundamental de um relacionamento flexível, saudável e duradouro.

PAPO RETO *Ter um comportamento congruente é essencial. Limites que são exigidos de maneira inconsistente não funcionam.*

Dor ou desconforto costumam ser a força motriz de mudanças comportamentais. É por isso que as consequências podem funcionar. Isso fica evidente com crianças. Você pode falar mil vezes que o forno está quente, mas ainda assim a criança fica curiosa para testar. Se ela se queimar uma vez, é improvável que encoste em um forno de novo.

Assim como na criação dos filhos, o sucesso das consequências depende do afinco com que as aplicamos. Se quiser mesmo definir e impor limites saudáveis nas suas relações, você *precisa* fazer o que disse que faria. Consistência é *tudo*. Limites que só são exigidos de vez em quando acabam fracassando.

Fazendo o que fala

Quando nós duas completamos nossa preparação para Maria estabelecer limites proativos, ela já tinha compartilhado algumas percepções sobre si mesma com Gus. Ele vinha reagindo com interesse sincero e apoio.

Como ela nunca tinha pedido diretamente que ele não fizesse um bolo ou uma reserva no restaurante italiano, Gus era um iniciante em limites. Maria não havia nem expressado os sentimentos que esses gestos indesejados traziam à tona. Quando entendeu a dinâmica disfuncional com o marido e o papel dela nisso tudo, passou a se sentir menos ressentida e mais motivada.

Nas semanas antes da conversa entre os dois, Gus pareceu sentir a mudança da esposa. Ele não deu nem um pio sobre bolo ou comida italiana. Quando chegou a hora de conversar, Maria estava nervosa, mas esperançosa.

O pedido levou a um diálogo longo e conciliador. Ela apontou as manobras de contra-ataque dele, destacando que a sabotagem que Gus estava praticando não era intencional. O simples fato de Maria conseguir abrir esse tipo de conversa era *muito* significativo. Ela contou para o marido o que tinha descoberto sobre sua família de origem e sobre a tendência a igualar comida a amor. Gus, por sua vez, ficou aliviado com a oportunidade de falar abertamente sobre o acordo tácito de limites entre os dois e contou que tinha medo de perdê-la se ela ficasse "muito sarada". Ele se comprometeu a apoiar os objetivos saudáveis da esposa da forma que ela pedisse.

O processo de criar uma nova dinâmica de limites teve lá suas dificuldades. Mas Maria descobriu que Gus era, sim, flexível o bastante para se adequar a isso, sem que ela precisasse preparar as refeições separadamente. Motivado pelo crescimento da esposa, ele entrou na terapia um ano depois que ela começou a mudar. A coragem e o esforço genuíno de Maria inspiraram o marido.

Planos proativos de limites precisam se adaptar a cada relacionamento. Não existe um "tamanho único" quando estamos falando de estratégias de limites. Assim como Maria e Gus criaram uma nova dinâmica com base na relação, nos desejos e nas histórias de vida dos dois, você vai fazer o mesmo, passo a passo, utilizando as novas ferramentas e táticas que acrescentou à sua coleção de habilidades. A seguir, vamos pôr a mão na massa.

ENTRE EM AÇÃO

1. **Lembrete mental.** Observe sua reação quando um limite é ultrapassado. Você ignora, aborda o assunto, explode de raiva ou faz outra coisa? Analise a si mesma com curiosidade, sem julgar.

2. **Vá mais fundo: honestidade na comunicação.** Ter compromisso com sua palavra é um requisito para ser uma pessoa com limites bem definidos, além de fator essencial nos relacionamentos. Veja a página 226 para ter mais clareza sobre onde você pode estar sabotando sua capacidade de falar a verdade.

CAPÍTULO 8

A coisa está ficando séria

O ANO ERA 1997, e minha formatura em Serviço Social na Universidade de Nova York estava chegando. Eu praticava minhas habilidades de impor limites com dedicação e estava quase conseguindo. Na verdade, achava que *já tinha conseguido.*

Eu expunha minhas preferências e desejos com clareza para todos em meu círculo social. Optava por não dividir a conta do bar quando não bebia. Aprendi a cortar uma amiga que não parava de me dar conselhos: "Jenny, amo você, mas agora só quero uma escuta solidária, por favor." Isso resultou em amizades mais profundas e satisfatórias, e muito mais amor-próprio.

No início da minha carreira como terapeuta, criei um contrato proativo com as pacientes. Esse contrato detalhava minhas regras, incluindo as políticas de pagamento e cancelamento. Quando começava a atender uma nova paciente, eu logo dizia, com calma, que ela teria que cancelar ou remarcar as sessões com 24 horas de antecedência ou precisaria pagar o valor completo. Ser proativa com meus limites me deu o poder de evitar situações que não estivessem alinhadas aos meus interesses (ou aos de minhas pacientes e pessoas queridas).

No geral, eu estava aprendendo com meus erros e me sentia confiante e esperançosa de que viveria a vida nos meus termos. Sou do signo de Áries, independente e autônoma – se você sabe um pouco de astrologia, pode imaginar a liberdade que eu sentia.

Até que não senti mais.

Minha sensação de empoderamento evaporou por causa de uma tarefa que minha terapeuta passou. Encarei o marco zero dos meus limites desordenados. A tarefa? Falar honestamente com meu pai.

Foi aí que a coisa ficou séria.

Dois passos para a frente, um para trás

A fase *coisa séria* do processo é bem comum. Vejo isso constantemente com minhas clientes e alunas. Pouco a pouco, elas impõem limites melhores. Começam fazendo pedidos simples a seus clientes, amigos e parceiros amorosos. Logo no início, nenhuma preferência ou desejo é pequeno demais para ser comunicado. Lasanha em vez de hambúrguer. *Frozen 2* em vez de *Duro de Matar 3*. Sair cedo de uma ocasião social em vez de contar os segundos até o restante da turma decidir ir embora. E por aí vai. Pouco a pouco, o mundo começa a brilhar com infinitas possibilidades.

Então, elas se deparam com um obstáculo que parece intransponível.

Isso é normal. Além da encruzilhada que discutimos no capítulo 6, cada novo nível de habilidades contém a sua própria "miniencruzilhada". Damos dois passos para a frente e um para trás. Isso não acontece toda vez que você alcança algum progresso, mas, quando acontece (e, acredite, vai acontecer), pode ser desmoralizante.

> **PAPO RETO** *A encruzilhada é a fase da sua jornada na qual uma resistência às suas novas atitudes com limites pode surgir de repente – apesar de todo o esforço que você vem fazendo. Pode parecer um retrocesso, mas não significa uma derrota. Aguente firme.*

Por favor, não enxergue os deslizes como fracassos. Você já passou tempo demais limpando o porão para voltar aos velhos hábitos. "As recaídas fazem parte da recuperação" é uma frase que costuma ser dita sobre a superação de vícios e é um conceito que também se aplica à sua jornada. Então não desista quando suas novas habilidades com limites passarem por um quebra-molas.

A verdade é que é mais fácil estabelecer limites com pessoas que não fazem tanta diferença na sua vida. Conforme for ganhando mais autoconfiança, será cada vez menos provável que se sinta magoada por algo que, por exemplo, a sua instrutora de ioga ou um estranho na rua disse. Mas é bem possível que velhos padrões comportamentais reapareçam quando você começar a impor limites às pessoas com quem convive há mais tempo, sua família de origem. Quando uma situação assim realmente testar seus limites, *vai* parecer uma questão pessoal.

A melhor forma de ilustrar essa parte do processo é compartilhando a minha própria experiência profundamente pessoal.

Quando eu estava prestes a me formar e ter limites claros parecia um problema resolvido, mencionei para minha terapeuta, como quem não quer nada, que eu não pretendia convidar meu pai para a formatura.

– Não vejo motivo para convidá-lo – disse, confiante.

– Terri, por que você não vê motivo? – indagou a terapeuta.

Como já sabemos, é difícil se livrar de velhos hábitos. Quando ela me fez essa pergunta direta, nem pisquei antes de falar.

– Vai por mim, ele não vem – falei, enfática. – Ele odeia Manhattan.

A verdade era que a pergunta tinha mexido comigo (ou, para ser mais precisa, mexeu com a minha criança interior, que, aparentemente, ainda tinha medo de se arriscar à rejeição do pai).

PAPO RETO *A criança interior é a parte de nós que está presa no passado, à espera das reações e respostas que vivenciou na infância.*

– Certo – disse ela, pensando por um momento antes de continuar. – Mas, deixando o que *ele* pensa de lado, *você* quer convidá-lo?

De novo, respondi sem pensar.

– Claro que quero. Ele é meu pai.

No fundo, eu queria mesmo compartilhar aquela conquista tão importante com ele. Tinha feito muitos sacrifícios e superado tantos medos que estava muito orgulhosa de mim mesma. Com a formatura se aproximando, eu queria que ele também se orgulhasse de mim.

Diante disso, uma pergunta de um milhão de dólares pairava no ar: *Por que eu* não *ia convidá-lo para um evento tão importante na minha vida?*

Minha terapeuta me olhou nos olhos e disse:

– Terri, você vai se curar quando tiver coragem de pedir o que quer de verdade, não importa o que a outra pessoa faça. Convidá-lo é uma questão de acolher a sua verdade, e não uma questão de ele aceitar ou não o convite.

Em retrospecto, vejo que esse momento foi um divisor de águas. A resposta dela mudou completamente meu entendimento dos limites. Vi que convidar meu pai era mais uma forma de honrar minha verdade e a mim mesma. O importante não era a resposta dele. Era ter a coragem de, enfim, me afirmar para meu pai como adulta.

Você também pode esperar uma mudança de mentalidade ao continuar enfrentando os seus desafios mais difíceis com limites. Em geral, saberá quando ficar em silêncio não for mais uma opção. Vai sentir o frio na barriga. Sua chance de sucesso vai aumentar muito quando você perceber que qualquer coisa que esteja prestes a dizer ou fazer só diz respeito a *você*.

Quebrar as correntes da codependência de alto rendimento e dos limites desajustados requer garra. Você vai ter que mergulhar fundo no seu próprio poço de coragem e pode ser que encontre algumas Bombas de Limite explosivas.

Bombas de Limite

Quando estiver desenvolvendo suas habilidades, fique atenta a essas bombas, formas de autossabotagem que desviam os seus esforços para criar, manter e impor limites saudáveis. As mais perigosas são a *tríade de acusar-envergonhar-culpar*, a *ressaca da falta de limites*, a *reversão de limite* e a *síndrome de vítima-mártir*.

Bombas de Limite podem surgir em qualquer ponto da sua jornada. No entanto, à medida que as coisas ficarem mais sérias, podem ser especialmente intensas. Entendê-las ajudará você a estar atenta e preparada.

Bomba de Limite nº 1: A tríade de acusar-envergonhar-culpar

Acusações, vergonha e culpa – sentiu um arrepio só de ler essas palavras? Nenhum desses estados emocionais é prazeroso. No que diz respeito à sua curva de aprendizado, porém, eles também são contraproducentes e complicam as coisas, sabotando a sua capacidade de traçar limites saudáveis.

A culpa e a vergonha são emoções que se originam do medo, ativam uma postura defensiva e corroem o respeito próprio e a autoestima. Apesar de serem muito comuns, é difícil lidar com elas. Não queremos nos meter em apuros ou sofrer punições, então desviamos do problema e debatemos em vez de ter um diálogo construtivo. Mas o debate nos tira a oportunidade de escutar com a intenção de entender. Como você pode ouvir alguém quando está tentando anular o ponto de vista da pessoa com seu argumento irrefutável?

Insistir que você está certa pode parecer uma forma de se proteger da culpa e da vergonha, mas, na verdade, cancela qualquer conversa produtiva. Ah, e um recado: suprimir essas emoções só faz com que você tenha que voltar lá no porão com um balde de desinfetante em algum momento.

PAPO RETO *Quando as coisas ficam sérias e você começa a mudar sua dinâmica de limites, é provável que sinta medo antecipadamente. É importante lembrar que sempre dá tempo de falar com autenticidade.*

A culpa costuma indicar uma sensibilidade particular ao medo do julgamento. Se você culpa os outros, a bola está com *eles*, ou pelo menos é o que parece. Quando você tem o hábito de se culpar, evita que alguém a culpe antes, o que gera uma ilusão de controle.

O medo de ser julgada pode indicar sentimentos profundos de vergonha, uma crença de que existe algo inerentemente errado com você. A vergonha (como a inveja) é tão desagradável que você pode nem perceber que ela está guardada em uma caixa no seu porão. Se não for examinada e curada, ela continuará causando danos à sua autoestima e ao seu amor-próprio.

A vergonha costuma ter origem em experiências da infância. Apesar de a maioria de nós vivenciar algo que nos deixa constrangidas por alguns instantes, a vergonha persistente na vida adulta em geral vem da violência ou do abandono crônicos nos primeiros anos de vida. Parece irremediável.

A culpa saudável, por outro lado, pode nos motivar a tomar atitudes positivas e corrigir nossas ações. Ela tem uma vantagem sobre a vergonha:

quando sente culpa, você pode fazer as pazes, se desculpar ou assumir a responsabilidade pelas próprias ações, reforçando o seu amor-próprio. Todos cometemos erros, e é libertador admitir o que precisa ser feito para consertar a situação.

A culpa tóxica é diferente. Ela tem relação com transtornos dos limites internos, como aceitar a responsabilidade por emoções ou situações dos outros, sobre as quais você não tem qualquer controle. Isso é comum em pessoas que cresceram em lares caóticos ou disfuncionais, onde as crianças se sentiam responsáveis por tudo. Elas podem pensar: *Se o papai está bravo, deve ser minha culpa, o que quer dizer que eu sou má.* Como você pode imaginar, essas experiências infantis dolorosas criam raízes e nos mantêm no modo de sobrevivência. E isso é exaustivo.

SUA VEZ:
Reconhecendo a tríade de acusação/vergonha/culpa

Quando a vergonha ou a culpa crônica dá as caras, você está diante de uma chance legítima de curar velhas feridas. Como a especialista em medicina energética (e minha melhor amiga) Lara Riggio gosta de dizer, "aborrecimento é oportunidade".

O segredo para aproveitar essa oportunidade ao máximo é, em primeiro lugar, reconhecer quando você está submersa no pântano da vergonha e da culpa. Reflita sobre estas perguntas:

- Você se estressa com coisas que estão completamente fora do seu controle (mesmo que, de qualquer ponto de vista, não seja responsabilidade sua resolver a situação)?

- Comentários negativos como *eu sou uma pessoa ruim, uma fraude, egoísta, impossível de amar* passam pela sua cabeça com regularidade?

> - Você procura um alívio temporário de sentimentos de vergonha ou culpa em coisas como comida, álcool, drogas, sexo, etc.?
>
> Esses são alguns dos comportamentos nos quais você deve ficar de olho. Todos são oportunidades para reconhecer que você tem um material com alta carga emocional que precisa da sua atenção. Seja curiosa e use os 3Rs e as 3Ps para descobrir as experiências originais que talvez a estejam perturbando.

A vergonha nos isola e separa dos outros. A cientista social Brené Brown, especialista em vergonha e vulnerabilidade, diz que três coisas mantêm a vergonha no comando da sua vida: segredos, silêncio e julgamento. A cura? Compreensão e empatia – que ajudam a criar conexões –, coragem e compaixão. Então, quando perceber que está sentindo vergonha ou culpa tóxica, escreva sobre isso ou fale com uma amiga solidária, e comece a praticar a empatia consigo mesma.

Bomba de Limite nº 2: A ressaca da falta de limites

Muitas de minhas pacientes têm uma crença implícita de que precisam oferecer coisas que não querem, como informações muito pessoais ou sexo no primeiro encontro. Revelar demais a alguém que você acabou de conhecer ou transar cedo demais só porque o outro pagou o seu jantar (e talvez também se sinta no direito de um favor sexual) pode resultar em sentimentos de *eu queria não ter feito isso*. Esse tipo de vulnerabilidade também reflete limites desajustados.

Quando é "cedo demais" para a intimidade física? Bom, isso é pessoal e pode depender do tipo de experiência que você deseja. Muitas das minhas pacientes, porém, não procuram terapia para descobrir como levar alguém para a cama, e sim porque querem uma conexão emocional duradoura. Quando se trata de sexo, algumas mulheres preferem esperar alguns meses. Outras são tão ligadas no desejo da outra pessoa que nem conhecem a própria preferência – só sabem que querem evitar a rejeição.

Revelar ou não informações pessoais também é uma escolha sua. Certa vez, em um de meus cursos on-line, uma mulher perguntou em que momento deveria compartilhar com um parceiro amoroso que ela havia sofrido abuso sexual do pai alcoólatra. Era uma boa pergunta, mas, pelo tom ansioso do e-mail, senti que ela não estava apenas pedindo um cronograma. Era provável que se sentisse "corrompida" e achasse que o outro tinha o direito de saber desse fato. Isso não era verdade, eu disse a ela. Sugeri que analisasse os motivos pelos quais se sentia compelida a confessar suas experiências de infância a um quase desconhecido que, sem dúvida, tinha muitas caixas cheias de tralha no próprio porão.

Para outras mulheres, envergonhadas de seu passado, uma confissão real é um jeito sorrateiro de pôr as cartas na mesa e talvez acelerar o fracasso do relacionamento (que é o que esperam inconscientemente). Se as coisas vão acabar mal mesmo, antes cedo do que tarde, né? Poupar-se de uma rejeição futura serve à sua ilusão de controle. Você pode ter se sentido indefesa em uma situação dramática ou traumática do passado, mas agora pode puxar o freio para não se arriscar (de acordo com você) a mostrar-se vulnerável de verdade. Olá, ganho secundário.

PAPO RETO *Ganhos secundários são os benefícios ocultos de criar ou permanecer em uma situação disfuncional.*

O antídoto para a ressaca da falta de limites é a *vulnerabilidade voluntária* – ter perspicácia e consciência sobre como você compartilha suas emoções, sua história, seu corpo e a si mesma com os outros. Para algumas pessoas, abster-se do álcool ou beber com moderação pode ajudar a praticar a vulnerabilidade voluntária. É mais difícil ficar de boca fechada sobre um processo judicial estressante ou sua família maluca depois de várias doses de tequila.

Em casos de intimidade física, a vulnerabilidade voluntária expressa por meio de um consentimento declarado (ou um claro *não*) é especialmente importante se você vive querendo agradar as pessoas ou aprendeu que suas necessidades e seus desejos deveriam vir em segundo plano. Esse pode ser um padrão repetitivo e doloroso, e não surpreende que ele dê as caras quando as coisas começam a ficar sérias.

Você não é capaz de mudar o seu passado, mas tem uma coisa que pode, sim, fazer: aceitar que as feridas da infância não são culpa sua. Você *não merecia* as coisas ruins que vivenciou. Fique atenta a como esses padrões familiares aparecem para bloqueá-los agora e no futuro. Você pode fortalecer a sua capacidade de discernimento cultivando um plano proativo de limites (ver o capítulo 7) para lidar com as expectativas e eliminar pretendentes (ou qualquer um, por sinal) cujas prioridades não estejam alinhadas às suas. Uma conversa curta, e talvez desconfortável, pode poupá-la de semanas, meses ou até uma vida inteira de desgosto. Quanto mais exercitar a sua vulnerabilidade, mais clareza você terá sobre suas escolhas.

Bomba de Limite nº 3: A reversão de limite

Aderir aos próprios limites pode ser difícil quando ainda estamos engatinhando, por assim dizer. Digamos que você tenha deixado claro para seu chefe que precisa receber pelas horas extras. Você tem ao seu lado a lei, o departamento de RH da empresa e, o mais importante de tudo, a sua certeza de que *pode* tomar medidas concretas para proteger seu tempo, sua energia e seu respeito por si própria.

No entanto, assim que começa a falar, você quer voltar atrás. Já aconteceu com você? Esse é um exemplo de reversão de limite. Sim, para alguém que não tem esse costume é assustador se manifestar. Entendido. Porém, saiba que não é a sua versão adulta que tem medo. Ela não está interessada em destruir as suas tentativas de ter uma vida empoderada e autônoma só para manter a paz. É sua criança interior que está dizendo: "Não faz mal. Eu não estava falando sério. Posso fazer hora extra de graça, sim!" Acontece o tempo *todo*.

Como já vimos, quando a sua versão de 5 anos de idade começa a tomar as decisões, suas habilidades de impor limites são prejudicadas. O medo de ser sincera pode parecer uma situação de vida ou morte para a criança interior. Mas, como falamos no capítulo 5, *o agora não é aquela época*; prever certo nível de desconforto pode ajudá-la a resistir ao impulso de seguir suas emoções durante um momento de reversão de limite.

Se você se sente ansiosa ou inquieta depois de impor um limite, recomendo instituir uma regra de 48 horas. Espere dois dias antes de voltar atrás. Após esse período, é pouco provável que você ainda queira desistir.

Quando conseguir tolerar seu desconforto em relação ao desconhecido (que é outra forma de ver essa situação), você talvez descubra que as pessoas com quem convive são muito mais flexíveis do que imagina. *E você também não é tão frágil assim.* Você verá que esse roteirinho tristonho da sua criança interior é um pouco exagerado. Depois que entender isso, será capaz de resistir ao pânico inicial com mais facilidade. (Uma exceção: o famigerado Destruidor de Limites *vai* sentir a sua ambivalência e fazer de tudo para desgastar o seu "não" inseguro – um fenômeno que vamos abordar no próximo capítulo.)

PAPO RETO *Quando você estabelece limites, não é possível controlar a resposta da outra pessoa. Não deixe de se manifestar por causa disso.*

Olha, pode ser que você sempre perceba o desconforto, a desaprovação ou a resistência dos outros, mas escolha se concentrar no que é responsabilidade sua. Mesmo depois de atingir o status de Dona dos seus Limites, você talvez continue não gostando de ter conversas difíceis. Não faz mal. Com tempo, repetição e regularidade, sua ansiedade vai diminuir e o impulso de recorrer em uma reversão de limite vai ficar para trás. Agir da forma que você sabe que é certa será o seu novo normal. Depois de reenquadrar por inteiro a sua relação com os limites – o que é ou não é aceitável –, o seu desejo de recuar após ter imposto um limite não vai afetá-la tanto. A gente só tem que aguentar firme, galera.

Bomba de Limite nº 4: A síndrome de vítima-mártir

Com a vitimização vem a sensação de desamparo. Acreditamos que o que queremos não importa e que nossas ações não podem mudar nada.

O martírio é o irmão gêmeo do vitimismo. Quando operamos na esfera do martírio, também nos sentimos impotentes, mas a diferença é que costumamos manter um placar. Nos dedicamos em excesso, não nos manifestamos e nos ressentimos em segredo, como se os outros nos devessem algo.

Conheci minha parte "vítima" da síndrome de vítima-mártir quando estava me preparando para convidar meu pai para a minha formatura. Eu estava tão determinada que com certeza não me identificava com a palavra *vítima*, mas percebia que, sem dúvida, a rejeição que sentia por parte do meu pai beirava o vitimismo. Eu nem levava a sério a ideia de chamá-lo, de tanta certeza que tinha de que ele não compareceria.

> **PAPO RETO** *Bombas de Limite são formas de autossabotagem que corroem os seus melhores esforços para criar, impor e manter limites saudáveis. Elas incluem a tríade de acusar-envergonhar-culpar, a ressaca da falta de limites, a reversão de limite e a síndrome de vítima-mártir.*

Minha terapeuta me ajudou a perceber que eu buscava a posição de "garotinha do papai", com palavras de afirmação fofas e acolhedoras. Porém, meu pai não demonstrava amor com frases como "Você é a luz da minha vida" seguidas de abraços e beijos. A terapeuta me desafiou a descobrir se eu era capaz de me *sentir* amada do jeito que ele era capaz de me amar. Refleti sobre isso. Bem, ele pagou minha faculdade, comprou um carro usado para mim e sempre gritava "Não esquece do cinto!" quando eu ia embora após uma visita.

Uau. Percebi que nunca tinha pensado em enxergar as coisas que ele fazia sob a lente do amor. Para mim, elas pareciam mais obrigatórias do que amorosas. Eu queria que meu pai me amasse de um jeito bem específico e expressasse isso, o que só me levava à decepção e ao desalento, cimentando a crença de que ele não me amava de verdade.

Quando paramos de pensar em como alguém não está satisfazendo nossos desejos, expandimos a mente para além da nossa própria história limitante. Isso cria a possibilidade de algo melhor. Não estou propondo que você aceite qualquer coisa que alguém seja capaz de dar, sem que possa afirmar suas necessidades, preferências, desejos e pontos inegociáveis. Estou sugerindo que nem todas as perspectivas servem ao nosso bem maior. Mudar o meu ponto de vista sobre o meu pai me ajudou a remover parte da impotência e do medo que sentia ao pensar em convidá-lo para a minha formatura.

Quanto mais conversava com minha terapeuta, mais eu percebia que tinha compreendido mal minhas opções naquela situação. Para início de conversa, não tinha nem sequer entendido que eu tinha opções. A princípio, pensava que o único resultado válido seria que ele aceitasse o convite. Sem isso, seria incapaz de obter o que desejava.

Minha terapeuta me levou a perceber que, na verdade, havia grande valor em simplesmente ser ouvida, vista e compreendida. Esqueça a história de filhinha e papai. No fim das contas, tudo que eu queria era exatamente isto – ser ouvida, vista e compreendida.

Se você sofre da síndrome de vítima-mártir, pode ser que goste de manter um placar (oi, mártir) ou chafurdar em um sentimento de impotência (essencial para as vítimas). Mas a solução é a mesma: estar disposta a dar uma boa olhada na sua vida e nas suas escolhas a partir de uma nova perspectiva e agir para o seu bem. Por exemplo, o fato de meu pai não expressar o amor dele do jeito que eu desejava não queria dizer que ele não me amava.

Ver os relacionamentos e a vida de um ponto de vista mais generoso abre infinitas possibilidades para navegarmos neste mundo. Com sinceridade, mais autoestima e a disposição para acolher as próprias necessidades, você pode sair do desamparo e entrar no empoderamento.

Verdade seja dita

Esclarecidas todas as possíveis Bombas de Limite, minha terapeuta me deu um dever de casa: na minha viagem à Flórida para ver meu pai, eu deveria convidá-lo para a formatura. Foi importante ter recebido essa tarefa. Ter um dever de casa específico desafiou a realizadora em mim. O fracasso não era uma opção.

Repeti sem parar a afirmação da minha terapeuta – de que a minha "cura viria do pedido" – até acreditar. Foi um alívio saber que eu só era responsável pelas minhas próprias palavras e ações. Nada além disso.

Durante o fim de semana da minha visita, fomos a brechós, caminhamos na praia e conversamos enquanto comíamos frutos do mar. Quando meu pai me perguntou sobre meus planos para depois da formatura, eu poderia ter feito o convite. Mas não fiz. Apesar de acreditar muito que a cura viria do pedido, ainda estava nervosa. Não há preparação, clareza ou planos proativos de limites que resistam ao nervosismo.

Chegou a hora de meu pai me levar ao aeroporto. No caminho, eu suava em bicas. Tinha que fazer o convite, e *logo*. Eu decepcionaria a mim mesma se não o fizesse. Era hora de agir.

– Ei, pai, tenho uma pergunta – falei, olhando tensa para ele.
– Sim? – respondeu ele, com os olhos firmes na estrada. – O que foi, Ter?
– Guardei um convite da formatura para você, se puder ir.

Assim que as palavras saíram da minha boca, expirei com o corpo inteiro. Ele ficou em silêncio por um momento e disse, timidamente:

– Não posso mesmo.

Mesmo uma viagem de fim de semana era demais para ele. Os anos pegando transporte público de Nova Jersey a Manhattan para ir ao trabalho deixaram cicatrizes. Ele odiava o caos, as multidões, o ritmo, tudo.

– Tudo bem, eu entendo – falei.
– E lá vem a culpa – disse ele.

Naquele momento, eu poderia ter analisado por que ele respondeu assim. Nunca na vida o tinha culpado. Mas, acima de tudo, eu entendia.

Então, falei:

– Sem culpa, pai. Entendo que é puxado, mas quero que você saiba que ninguém pode substituir você na minha vida. Você é meu único pai e esse vínculo com você é importante para mim.

Uau, pensei, enquanto as palavras saíam da minha boca. Eu tinha feito a coisa difícil, e isso me empoderou a ir muito além na minha verdade. Me senti tão livre. Meu pai, homem de poucas palavras, não disse muita coisa, mas nosso abraço de despedida durou um pouco mais do que o normal.

Depois de anos escondendo a minha verdade, por fim entendi. Comunicar com sinceridade meus desejos, minhas preferências e meus limites mudou a minha dinâmica com os outros, o modo como eu me relacionava comigo mesma e o sentimento de estar na minha pele – e *isso* mudou minha vida.

Uma palavra sobre o não

Como discutimos, respeitar os limites dos outros é essencial. Por favor, resista à tentação de escrever toda uma história sobre por que determinado limite existe (*acho que ele não gosta de mim*, etc.). Quando aprendemos a nos comunicar de modo eficaz, conseguimos conversar de verdade para obter respostas, em vez de preencher as lacunas com nossos piores medos.

O melhor *não* que já recebi foi da minha amiga Elizabeth. Eu a convidei para uma viagem à Guatemala. Ela respondeu: "Não é para mim. Não suporto a Guatemala. Eu e o calor não nos damos bem."

A resposta sincera dela foi revigorante: clara, direta e confiante. Nenhuma parte daquele e-mail passava a ideia de que ela estava preocupada com meus sentimentos ao dizer não. Minha realidade emocional e minha reação não eram responsabilidade dela, o que nos leva a um ponto importante.

Quando não somos diretas sobre o que queremos, damos trabalho para as pessoas com quem nos relacionamos. Ao acrescentar um pedido de desculpas exagerado ou explicações em excesso após um não, você não está sendo clara, nem direta, nem confiante. Está mandando uma mensagem que diz: "Me sinto culpada por dizer não e acredito que o meu *não* vai magoar você e prejudicar nossa conexão." Ao tentar ser "legal", pode ser que você esteja onerando a outra pessoa, que, por sua vez, pode achar que tem que tranquilizá-la por dizer não.

Com Elizabeth, nenhuma de nós duas perdeu tempo com uma conversa sem sentido. Minha resposta foi "rs, entendido, mana". Só isso.

Quando é capaz de dar e receber um *não* sem problemas, você ganha um monte de energia e atenção extras para as coisas às quais quer dizer sim.

SUA VEZ:
Recebendo e respeitando o *não*

Para CARs, pessoas viciadas em agradar e que se dedicam exageradamente aos outros, o *não* de alguém, ou a imposição de limites, pode parecer uma rejeição pessoal. Responda às perguntas abaixo para abrir o jogo consigo mesma sobre a sua capacidade de receber e respeitar o *não* alheio:

- Quando alguém diz não a um pedido ou uma oferta sua, você se sente magoada, rejeitada ou brava?

- Você se irrita ou se frustra quando um conselho que deu sem que pedissem é ignorado?

- Você expressa suas mágoas e frustrações de forma indireta, com a linguagem corporal, ou com uma resposta curta como "Tá bom, foi mal por tentar"?

Suas respostas revelarão informações valiosas sobre onde você deve concentrar seus esforços. Lembre-se: o verdadeiro caminho é sempre o *progresso*, e não a *perfeição*. Aprender a receber um não e respeitar os limites e as preferências dos outros é mais um passo para se tornar a pessoa que você nasceu para ser.

Vivendo o luto pelo sonho

A última – e talvez mais contundente – parte de *as coisas ficarem sérias* é a mais difícil para muita gente: permitir-se viver o luto. Ganhar autonomia provoca emoções poderosas. Após anos cedendo aos desejos e preferências de sua mãe, uma de minhas pacientes, Jordan, descreveu como se sentiu depois de enfim ter dito a sua verdade. Por anos, Jordan tinha aceitado que as vontades da mãe vinham em primeiro lugar. Ela sempre viajava para encontrar a mãe, fazia de tudo no aniversário dela e se disponibilizava para tudo de que a mãe precisasse. Na terapia, lidou com os anos de ressentimento acumulado e encontrou a própria voz.

Quando Jordan finalmente disse que gostaria de ter mais reciprocidade no relacionamento, a mãe acabou por concordar. Daquele momento em diante, a relação das duas floresceu, e a mãe começou a perguntar a opinião de Jordan antes de supor como a filha se encaixaria em sua agenda.

Depois que falou, porém, Jordan foi para casa e chorou, uma surpresa até para ela mesma. Quando exploramos isso na terapia, ela disse que estava de luto por todos os anos em que havia abandonado a si mesma, acreditando que, se desse o suficiente para a mãe, sentiria que tinha algum valor.

Não vou mentir: nesta fase, pode ser que você vivencie sentimentos parecidos. Talvez comece a lamentar tudo o que esperava que acontecesse por causa dos seus esforços hercúleos para manter todo mundo feliz e satisfeito. Isso é parte importante de se levar a sério e se aceitar completamente.

Então não deixe ninguém (nem mesmo você) vir com um papinho "positivo" de que você não deve acolher essa parte importantíssima do seu processo emocional. Um acerto de contas ponderado com suas atitudes do passado, um desejo de saber antes o que você sabe hoje, são um caminho potente para mais autodeterminação. Isso pode tomar muitas formas: relacionamentos que você deveria ter terminado mais cedo (ou nunca começado), comportamentos terríveis que você deveria ter condenado ou reações baseadas no medo que desencadearam acontecimentos lamentáveis. O tempo não volta, então, sim, é válido se entristecer pelas oportunidades perdidas do passado. Acolher a sua verdade e as suas experiências antigas é um ato radical de amor-próprio.

Há outra camada do luto: pela infância que desejávamos, mas não tivemos. (Aliás, tem um exercício poderoso para ajudar com isso na página 227.) Assim como eu desejava um pai diferente, talvez você quisesse que um de seus pais (ou ambos) fosse mais maduro ou habilidoso do que foi. Mas priorizar os seus sentimentos e cuidar de si mesma agora pode ser uma experiência emocional restauradora. Pense nisso como uma oportunidade de se recriar e prover o carinho e o incentivo que você merece. No fundo, nos tornamos os pais bons, saudáveis e presentes que não tivemos.

Seja lá o que aconteça na sua vida, permita que os seus sentimentos apenas *sejam o que são*. Assim, as suas emoções não ficam presas (lembre-se, você *acabou* de limpar aquele porão). O luto requer uma boa dose de autocompaixão, olhar para dentro com uma postura de amor e carinho. Pense da seguinte forma: se a sua melhor amiga estivesse passando por um momento difícil, você diria a ela para engolir o choro? Ou que os sentimentos dela não são válidos? (*Espero* que não.) Aposto que você ficaria ao lado dela durante esse período turbulento.

Autocompaixão é oferecer esse mesmo tipo de solidariedade a si mesma.

Adoro a justaposição que a psicóloga Kristin Neff, cofundadora do Centro para a Autocompaixão Consciente, faz: "Diferente da autocrítica, que pergunta se você é boa o suficiente, a autocompaixão pergunta 'O que é bom para você?'." À medida que você refletir sobre os anos como um Desastre em Limites e os repelir, talvez descubra os prazeres de se exercitar, comer comidas saudáveis, tomar banho com sais e tudo o que a ajude a curar a mente, o corpo ou o espírito.

No meu caso, convidar meu pai para a formatura provocou emoções intensas. Ao tomar a decisão firme de apreciar o jeito dele de demonstrar amor, abri espaço para a pessoa que ele realmente era. Ao me dar espaço para sentir *todos* os meus sentimentos, fui capaz de perceber que meu medo era exagerado (o medo de uma criança) e abrir mão das minhas crenças limitantes sobre meu pai, sobre mim mesma e sobre o meu valor. Isso permitiu que eu respondesse acolhendo a minha preferência e os meus sentimentos autênticos, e também criou a possibilidade de aprofundar a conexão com meu pai (os 3Rs em ação: Reconhecer, Repelir, Responder).

PAPO RETO *A sua cura virá da coragem de pedir o que você realmente quer, independentemente do que a outra pessoa fizer.*

Antes de as coisas ficarem sérias, eu nem me permitia sonhar com formas de melhorar o nosso relacionamento. De alguma forma, parecia oportuno que minha formatura coincidisse com uma graduação para um capítulo mais saudável dos meus limites internos.

Meu trabalho interno teve um benefício externo profundo. Meu pai começou a me apoiar de formas que eu nunca tinha esperado. Passou a me enviar cartões com mensagens doces *do nada*. Muitas vezes, escrevia apenas "Com amor, papai". Eu me lembro da primeira vez que um desses chegou pelo correio. Ele nunca tinha me mandado cartões sem um motivo específico, então, quando vi o envelope, achei que poderia ser um artigo sobre finanças pessoais ou algo do tipo. Também combinamos de conversar pelo telefone todo domingo à noite, ligações em que basicamente só eu falava e ele ouvia, mas eram momentos especiais, muito além do que eu seria capaz de imaginar antes.

Os gestos desajeitados e gentis de amor e carinho dele eram valiosos para mim. Não tive a relação de filhinha e papai que achava que precisava, mas o que obtive era *real* e muito melhor – tudo porque me dispus a fazer o que era preciso e confiar no processo, mesmo quando o processo me levou a momentos de grande tensão no carro. Quando meu pai faleceu, seis meses depois, fiquei muito grata por tê-lo convidado e contado o quanto ele era importante para mim. Aquela viagem à Flórida foi nosso último momento juntos. Gratidão sem arrependimentos.

Este é o meu desejo para você, também: confie no processo, faça o que precisa ser feito e tenha fé absoluta em si mesma. Sim, as coisas vão ficar sérias (e talvez, em alguns casos, *realmente* sérias). Espero que você perceba como esses instantes são oportunidades de ouro.

É um trabalho árduo.

E você vale a pena.

ENTRE EM AÇÃO

1. **Lembrete mental.** Fique atenta a oportunidades de sentir compaixão pela sua criança interior. Experimente este exercício simples, mas eficaz. Encontre uma foto sua quando criança e a coloque em um lugar que você vê sempre (como a tela de descanso do celular). Toda vez que olhar para a foto, tente sentir compaixão por essa criança doce e tudo o que ela vivenciou. Abra mão dos julgamentos e deixe-se tomar pelo mais puro amor. Essa criança é *você*. Ela é perfeita e merece o seu amor e a sua compaixão.

2. **Vá mais fundo: vivencie o luto pelo sonho.** Para abrir espaço para o que estamos criando, temos que acolher e renunciar a decepções antigas. Para liberar um caminho saudável adiante, faça o exercício da página 227, na seção "Vá mais fundo".

CAPÍTULO 9

Destruidores de Limites

ANOS ATRÁS, QUANDO CONHECI JASMINE, ela entrou praticamente flutuando no meu consultório, com uma postura calma e pacífica. Era impressionante. Ela tinha a aura de um anjo. Mal sabia eu que Jasmine estava vivendo um verdadeiro inferno.

Quando perguntei por que tinha me procurado, ela logo abordou seu histórico familiar. Tinha sido criada por dois indivíduos muito egocêntricos: uma mãe narcisista e viciada em trabalho e um pai ferido, que gastava todo o capital emocional tentando fazer a mãe feliz. Nenhum deles tinha muito tempo ou energia para Jasmine, que havia aprendido desde cedo que era tarefa dela manter a imagem "perfeita" da família e não tumultuar. Fiquei impressionada com a facilidade com que ela me passou essas informações. Não só foi direta, sincera e perspicaz, como também ficou claro que tinha investido em sua saúde mental. Mas faltava algo nesse resumo de vida: o motivo para estar sentada na minha frente naquele momento. Com cuidado, perguntei:

– Por que você está buscando ajuda agora?

A expressão de Jasmine se fechou e ela deu um suspiro.

– Estou em um relacionamento abusivo. Moro com meu namorado. Todo dia é um pesadelo.

Ela começou a descrever a relação com Tom, que tinha conhecido na academia três anos antes, quando o contratou como *personal trainer*. Ele era engraçado, charmoso e, acima de tudo, estava empenhado em conquistá-la. Jasmine acabou concordando em sair com ele. Em pouco tempo, Tom passou a chamá-la de "mulher da minha vida" e a falar em casamento. Ela estava nas nuvens, a não ser por alguns momentos de dúvida: *Será que ele era bom demais para ser verdade?*

Esse pensamento a deixava nervosa, mas mesmo assim Jasmine mergulhou de cabeça. Em três meses os dois estavam morando juntos.

Depois que se mudou para a casa dela, Tom passou a dar menos atenção à namorada. Também começou a agir de um jeito estranho. Muitas vezes ficava acordado até tarde e, se Jasmine se aproximasse para ver o que ele estava fazendo, fechava o computador, fingindo normalidade. Apesar de sua intuição avisar que havia algo errado, ela dizia a si mesma que estava *tudo bem*.

Então, ele começou a criticá-la, especialmente a respeito da alimentação. Também bisbilhotava o celular de Jasmine, fazia comentários sarcásticos sobre os amigos dela e ficava com ciúme quando ela saía com outras companhias. Ela sentiu que precisava se distanciar das pessoas que amava para deixá-lo feliz. Jasmine me procurou quando Tom passou a agredi-la. Se Jasmine ousasse discutir, ele a arremessava contra a parede ou no chão. A situação ficava ainda pior porque Tom parecia o namorado perfeito para quem via de fora. Ninguém acreditaria nela.

– Para mim, chega. Cansei de esperar que as coisas voltem a ficar maravilhosas. Isso *nunca* acontece – disse ela.

Tom me parecia um Destruidor de Limites, um tipo específico de personalidade que não tem capacidade (ou talvez desejo) de respeitar os outros. Sabendo que ele era violento, minha resposta para a história de Jasmine era clara.

– Há muitos terapeutas em Nova York que vão aceitar seu dinheiro enquanto você pensa se larga esse cara. Não sou um deles. Se você estiver pronta para bolar um plano firme para sair com segurança dessa situação abusiva, sou a pessoa certa – falei. – Se não, posso recomendar outro terapeuta, sem problemas.

Jasmine fez que sim.

– Estou pronta *agora*.

Que comecem os jogos.

Quando as regras não se aplicam

Você já encontrou alguém que não tem a menor capacidade de ouvir e levar em conta suas preferências, seus pensamentos ou seus sentimentos? É o que chamo de Destruidores de Limites. Esse tipo particularmente difícil não registra os limites saudáveis que você estabelece, mesmo que sejam comunicados da maneira mais eloquente possível.

Um Destruidor de Limites é aquele indivíduo para quem *ceder* é um palavrão. Ele ignora os limites dos outros, de modo consciente ou não, aberto ou disfarçado, em parte porque sente que está acima de qualquer barreira (e, em alguns casos, da lei). Essas pessoas acham que têm direito ao seu tempo, ao seu cuidado e à sua atenção e não se preocupam com a reciprocidade.

Destruidores de Limites são muito agressivos, reativos, sensíveis e egocêntricos. Podem cair no grupo que inclui os indivíduos com transtornos de personalidade narcisista, antissocial, histriônico e limítrofe (borderline). Mas não estamos tentando diagnosticar o seu Destruidor de Limites – nem *qualquer outra pessoa*, aliás. (Para determinar se alguém está sofrendo de algum desses transtornos de personalidade, é necessária uma avaliação presencial realizada por um profissional. Não estamos aqui para isso.) O importante é que você identifique comportamentos comuns dessas personalidades altamente desafiadoras e avalie seu envolvimento com elas. Como Destruidores de Limites tendem a assumir posturas predatórias para garantir o controle sobre você, a informação é uma arma poderosa. E, por favor, tenha em mente que a sua segurança *precisa* ser sua preocupação número 1. Isso é crucial se o Destruidor de Limites tiver um histórico de violência ou ignorar o seu bem-estar. Se temer pela sua segurança, busque ajuda e aconselhamento profissional. Você precisa ficar muito atenta para proteger sua integridade. Um Destruidor de Limites tem potencial para desprezar o seu bem-estar.

PAPO RETO *Destruidores de Limites costumam ignorar seus limites porque sentem que têm direito ao seu tempo, ao seu cuidado e à sua atenção. Eles se preocupam sobretudo com as próprias necessidades, e não com as suas.*

Tentar impor limites na relação com um Destruidor pode ser frustrante e caótico. Planos proativos de limites que são eficazes com Iniciantes e Reincidentes não funcionam bem com Destruidores porque as regras normais de um relacionamento não se aplicam a eles. Tentar usar a razão com um Destruidor – seja um parente, colega de trabalho, parceiro romântico, ex ou amigo – pode ser enlouquecedor.

Por quê? Porque eles tendem a ser autocentrados, e seus objetivos excessivamente egocêntricos ofuscam a empatia e a compaixão. As outras pessoas só têm importância na medida em que servem à visão de mundo deles. A versão da realidade deles é a *única* realidade.

Aqui estão alguns exemplos de Destruidores de Limites:

- o companheiro inseguro que começa uma briga boba na véspera de uma apresentação importante que você precisa fazer no trabalho (ou em qualquer contexto em que a sua atenção esteja focada em outra coisa). Então, chama você de egoísta e sai espumando quando você diz que só vai poder discutir o problema dele depois da sua apresentação;

- a mãe dominadora que sempre compete com você, se sente ameaçada pelo seu sucesso e tenta levar o crédito pelas suas conquistas;

- o parceiro sedutor que nega ter agido de um jeito inadequado em uma festa, mesmo que você o tenha flagrado dando o número de telefone para outra mulher (segundo ele, você o está atormentando com a sua "loucura");

- o colega que superfatura o relatório mensal de despesas e justifica dizendo que merece e tem direito ao dinheiro roubado porque ganha pouco e não é valorizado;

- o chefe insuportável que continua ignorando seu pedido de que ele não envie mensagens no fim de semana ou enquanto você está de férias, de folga ou de licença médica.

Várias pacientes e alunas tendem a considerar normal o comportamento dos Destruidores de Limites com quem convivem. Dessa forma, fica mais fácil para elas ignorar o grande descompasso entre o que eles dizem e o que fazem. O fato é que as ações dos Destruidores *sempre* falam mais que suas palavras.

A tampa quebrada da panela quebrada

Antes de abordarmos as manobras sorrateiras que os Destruidores usam para contornar seus limites, eu gostaria de sinalizar algo importante: se você for uma codependente de alto rendimento (CAR) ou altamente sensível, estará particularmente suscetível às artimanhas deles. Embora não seja necessário ter sido criada por Destruidores para ter dificuldades com eles na vida adulta, crescer em um ambiente no qual as demandas dos pais vêm em primeiro lugar (à custa do bem-estar dos filhos) aumenta a probabilidade de que você se depare (e com "se deparar" quero dizer "ser torturada") com Destruidores de Limites até conseguir curar sua ferida original. Independentemente da sua criação, a única parte dessa dinâmica que você precisa controlar é o seu comportamento. Entender por que se tornou o alvo perfeito desses indivíduos é crucial para sair desses relacionamentos tóxicos.

Em especial se sofrer da síndrome da boazinha, você pode ter uma tendência natural a se curvar aos desejos e às necessidades dos outros. O Destruidor de Limites consegue perceber sua sensibilidade emocional de longe e busca tirar vantagem dela.

Já vi este fenômeno várias vezes no meu consultório: uma cliente inteligente e empática acaba enredada em uma relação corrosiva com um Destruidor. O importante é entender que ele não é como você. Muitas pessoas não têm empatia (embora várias consigam fingir bem) e algumas não têm nem consciência. Como acreditam que os fins justificam os meios, os Destruidores usam táticas como demonstrações excessivas de amor (*love bombing*), *gaslighting*, manipulação emocional, culpa exagerada e mentira como estratégias de controle.

Se for uma CAR ou empática, é provável que você tenha dificuldade de compreender a absoluta falta de consciência ou empatia; não consegue imaginar que alguém não ligue para a dor e o sofrimento dos outros nem pense em como suas ações podem afetá-los. Os Destruidores de Limites se aproveitam justamente da sua bondade genuína. (Uma pílula de sabedoria: muitas vezes, CARs também se enquadram na categoria de pessoas altamente sensíveis. Isso significa ter um sistema nervoso sensível, uma percepção aguda de mudanças sutis de humor das pessoas à sua volta e se sentir sobrecarregada em ambientes muito estimulantes.)

Se for alvo da manipulação de um Destruidor de Limites, você talvez sinta ressentimento, confusão e tristeza. E, como tende a exagerar, é possível que acabe se dedicando ainda mais ao Destruidor e receba dele a mensagem, direta ou indireta, de que *ainda* não está fazendo o suficiente. Aí você continua tentando preencher o poço sem fundo do egocentrismo dele. Como nunca consegue, começa a acreditar que *você* não é suficiente. Quer saber a verdade? Para Destruidores de Limites, você nunca vai ser ou fazer o bastante, porque não tem a ver com você.

PAPO RETO *Muitos Destruidores de Limites não têm empatia (embora alguns consigam fingir bem) e alguns não têm nem consciência.*

Se estiver em dificuldades com alguém assim, é essencial entender exatamente com o que você está lidando antes de elaborar um plano de ação. Isso é muito importante, em especial se você for casada ou tiver filhos, bens ou uma empresa com essa pessoa. O custo de agir por impulso com um indivíduo de personalidade tão controladora e, em alguns casos, vingativa pode ser alto. Quando conseguir identificar as manobras sorrateiras dele e seus próprios pontos inegociáveis, você estará em uma posição muito melhor para agir de maneira estratégica e bem-sucedida.

Táticas de manipulação

Mestres em manipulação, os Destruidores de Limites ditam as regras que as outras pessoas devem seguir. Eles têm diversas maneiras de manipular. Conheça três das táticas mais insidiosas que usam.

Invertendo a situação

Destruidores de Limites são *especialistas* em tirar o foco de si mesmos e de suas ações escusas. Se você impuser suas regras de modo muito razoável, como "Não quero ficar acordada depois das 22h porque não estou me sentindo bem e preciso dormir", o Destruidor talvez reaja como se tivesse levado um soco na cara: *Como ousa*? Essa reação é uma tentativa calculada de fazer você mudar de ideia. Expressar necessidades, desejos e, em especial, limites pode desestabilizá-los.

Outra manobra para inverter a situação é fingir preocupação com você, ainda mais se reclamar do mau comportamento dele. Por exemplo, se você não gostar do fato de ele ter ficado na rua até tarde sem avisar, o contragolpe é: "Sabe, estou muito preocupado. Tenho achado você muito sensível ultimamente. Tem alguma coisa acontecendo?" São artimanhas para fazer você duvidar de si mesma e tirar o foco de qualquer besteira que ele tenha feito.

Outra variação é ficar chateado por você fazer uma pergunta simples ou dar uma importância desproporcional a algum comportamento seu. Se estiver aprontando pelas suas costas, o Destruidor pode reagir atacando *você* em uma tentativa de deixá-la na defensiva e desviar a atenção negativa dele. Uma cliente minha ligou para o novo namorado e disse que estava incomodada com o sumiço dele (depois de ter passado as primeiras semanas em contato constante e confiável). A sinceridade dela desencadeou uma ofensiva: "Não acredito que você me disse isso. *Eu* também me sinto abandonado, sabia? Foi você que caiu no sono na quarta passada, não eu!" Ele fez de tudo para que minha cliente duvidasse de si mesma, ainda que os sentimentos dela fossem válidos. (E, para surpresa de ninguém, ele se revelou um baita de um mentiroso. Ela o dispensou pouco depois dessa interação.)

Um Destruidor de Limites pode se apegar a detalhes ou distorcer completamente o que foi falado, como: "Nunca combinei de conversar com você sobre as férias *antes* de fazer planos com a minha família. Eu simplesmente concordei em conversar com você sobre as férias." Ou pode pedir um favor bem pequenininho para depois sobrecarregá-la com algo muito maior, insistindo que você já tinha aceitado fazer aquilo. Alguns Destruidores tentam invalidar seus sentimentos trazendo à tona uma situação mais importante (que, na verdade, é irrelevante, mas pode ser uma boa tática para desviar sua atenção e colocá-la na defensiva). Por exemplo, você não gosta que seu parceiro atenda telefonemas de uma ex (que já está casada com outro) no meio da madrugada. Quando você expõe isso, ele responde: "Muito legal da sua parte. Ela está com *câncer*." Mas adivinha? O câncer dela (se é que realmente existe) não diz respeito a você. O que lhe diz respeito, sim, é como você se sente em relação às ligações da ex na madrugada.

Gaslighting

Uma das formas mais danosas de manipulação é o *gaslighting*, na qual o Destruidor de Limites tenta plantar dúvidas na pessoa-alvo para manter o controle do relacionamento. Nessa situação, os Destruidores usam um arsenal de negação, desorientação, contradição e mentiras para fazer você duvidar da sua memória, percepção e sanidade. Se for vítima de *gaslighting* contínuo praticado por uma pessoa próxima, é possível que você sinta que realmente está ficando maluca. Por exemplo, quando criança, você talvez tenha testemunhado uma briga dramática e assustadora entre seus pais – pratos voando, uma gritaria nível Terceira Guerra Mundial –, mas depois, quando perguntou à sua mãe por que os dois estavam discutindo, ela disse: "Ah, a gente não estava brigando, meu amor. Você tem uma imaginação tão fértil."

No fundo, o *gaslighting* é uma tentativa de deslegitimar suas crenças e fazer você questionar sua realidade. Envolve um controle constante da narrativa, o que significa invalidar ou negar sua vivência. Talvez lhe digam que você é muito sensível ou frágil, ou pode ser que *você* questione seus próprios níveis de sensibilidade, tipo *Deve ser coisa da minha cabeça.*

Entre os principais indícios de que você é vítima de *gaslighting* estão: ser excessivamente cautelosa para não chatear um/a parceiro/a, mãe ou chefe; sentir-se compelida a esconder o que está acontecendo de amigos ou parentes; pedir desculpas o tempo todo; e sentir que faz tudo errado. É possível que você também sinta que toda a sua força foi sugada, como se sua alegria tivesse desaparecido.

E como não ficar abatida quando uma pessoa próxima está tentando controlar a sua realidade? Ser manipulada é horrível. Um senso de identidade vibrante baseia-se na autoconfiança e em uma conexão forte com sua sabedoria interior. Esse é um direito seu. Mas sabe quem não dá a mínima para isso? Quem está fazendo *gaslighting* com você.

A princípio, pode ser um choque e você talvez se pergunte: *Será que eu inventei isso? Estou ficando maluca?* No início, antes que surja um padrão, o comportamento pode não parecer tão grave. Com o passar do tempo, você vai começar a ficar muito na defensiva. "Eu não disse isso!" ou "Você prometeu que eu era a próxima na fila para receber uma promoção!". Há uma grande necessidade de se afirmar, até nas coisas pequenas, como ter combinado ou não de ir a um churrasco (você não combinou, caramba). Ainda assim, o habilidoso Destruidor de Limites vence pelo cansaço. Ele tem um mapa detalhado de todos os pontos que a deixam envergonhada e sabe como acioná-los para manter você calada e subserviente.

Love bombing

Love bombing, ou demonstrações excessivas de amor, é outra tática comum dos narcisistas. Eles bajulam a pessoa-alvo, alimentando o ego dela e a fantasia de amor eterno até terem certeza de que a vítima foi fisgada. Então, esse tipo de Destruidor de Limites começa a ser muito crítico, repressor e hostil. Em dado momento, o desdém se transforma em rejeição completa, e ele descarta você. O ciclo do abuso narcisista tem três etapas: (1) idolatrar, (2) desvalorizar, (3) descartar.

Na primeira etapa desse ciclo abusivo, a atenção exagerada do Destruidor é alimentada pelo desejo (consciente ou inconsciente) de obter total controle sobre você. Receber essas demonstrações excessivas de amor pode ser muito sedutor e irresistível. O *love bombing* vem com grandes gestos românticos que parecem até coisa de sonho. Ele também pode ocorrer em outros contextos, como amizades, situações profissionais ou até no recrutamento de seitas.

O ressurgimento dos elogios e da atenção acontece quando o agente do *love bombing* (a categoria superior de Destruidor de Limites) sente que você chegou a um ponto de ruptura. Ele dá esperança na medida exata.

Jasmine passou exatamente por isso. Sempre que se aproximava do limite, Tom voltava a ser um doce por tempo suficiente para reacender as esperanças dela. Ela achava que se dedicando mais e se mantendo magra voltaria a ser admirada por ele. É um comportamento parecido com o do viciado em drogas que busca aquela mesma sensação do início em detrimento de tudo o mais. Já vi esse ciclo de abuso inúmeras vezes, e *sempre* acaba mal.

Mais táticas de manipulação

Além de inverter a situação e fazer *gaslighting* e *love bombing*, Destruidores de Limites também usam os métodos a seguir para conseguir o que querem: controle total.

Rejeição aos seus sentimentos. Certa vez, uma cliente me contou que, sempre que ficava triste, o marido dizia, de um jeito hostil: "Não vou ficar com pena porque você está chorando." Como assim? Minha cliente estava expressando suas emoções (e não pedindo que ele tivesse pena), mas a reação dava a entender que ela tinha desrespeitado uma das regras silenciosas dele: você não tem o direito de ficar triste. Um parceiro que tenta invalidar suas emoções pode dizer: "Você tem sorte por eu ser tão sensível. Ninguém mais conseguiria lidar com você."

Dinheiro. Muitos Destruidores de Limites usam o dinheiro como forma de controle implícito, dando presentes ou apoio financeiro para criar uma relação de dependência. Se isso acontecer, você estará mais suscetível ao abuso dele por achar que não conseguiria se sustentar sozinha.

Atuação. Alguns Destruidores de Limites demonstram uma falsa carência ou desamparo para convencê-la a saciar os desejos deles. Uma mãe narcisista, por exemplo, pode parecer desolada para ganhar a compaixão da filha. Um parceiro que sente sua fraqueza talvez finja se sentir rejeitado e abatido para que você concorde com as ideias e os planos dele.

Raiva. Alguns Destruidores de Limites usam a hostilidade para desgastar você, gritando e às vezes cortando a comunicação. Você talvez se sinta tão exausta que se esquece de que o comportamento deles é abusivo e errado. No instante em que percebe que você está no seu limite, o Destruidor muda de postura e passa a agir de forma amorosa. Aliviada por não ser mais o alvo da raiva dele, você fica mais propensa a concordar, sem perceber que foi manipulada.

Pressão coletiva. Alguns Destruidores de Limites usam a pressão coletiva para convencer o alvo a aceitar o plano deles. Uma cliente disse a um homem com quem estava saindo que queria esperar três meses antes de fazer sexo. No encontro seguinte, ele informou que, em média, as mulheres transam depois de três encontros e meio. Ele não apenas tentou aplicar a pressão coletiva para forçá-la a ceder ("mulheres normais fazem isso nesse intervalo de tempo"), como *pesquisou* o assunto e tentou usar dados empíricos para vencê-la pelo cansaço.

A pressão coletiva menos óbvia pode soar como "Bem, minha família inteira concorda comigo" ou "Quer saber? Eu defendi você quando o Bob te chamou de egoísta, mas agora estou começando a achar que ele estava certo". Então, você se concentra nas supostas ofensas de Bob e ignora o fato de que uma pessoa com a qual está envolvida a insultou como forma de controlá-la.

PAPO RETO *As regras normais de interação simplesmente não se aplicam aos Destruidores de Limites.*

Observe o comportamento

Se você estiver enfrentando problemas com uma pessoa com esse tipo de personalidade egocêntrica, observe o comportamento dela. Não deixe pra lá. Repreenda-a o mais cedo possível. A reação da pessoa ao ser desafiada vai fornecer informações cruciais. Imagine que ela se sente e diga: "Nossa, não percebi que estava fazendo isso. Me fale mais. Quero entender como você está se sentindo. Você é importante para mim." Se você estiver lidando com um Destruidor de Limites, isso não vai acontecer. Ainda que aconteça, você vai saber claramente como a pessoa se sente de verdade daí a um ou dois dias, quando ela repetir a ofensa que afirmou "não perceber", zombar de você pela sua sensibilidade ou largar você de vez.

Em relacionamentos consolidados, quando você se acostuma com a dinâmica, por mais nociva que seja, é mais difícil identificar e expressar por que você está tão chateada. Se seu/sua chefe, parceiro/a, mãe ou quem quer que seja pedir desculpas por se comportar de maneira inadequada, tudo bem. O mais importante é ficar atenta a *mudanças de comportamento*. As palavras são a principal arma do Destruidor de Limites, então, se não quiser virar refém, observe se o que ele faz e o que fala estão alinhados. É como dizem: o melhor pedido de desculpas é mudar o comportamento. Isso vale em especial para os Infratores Reincidentes – nesse caso, eu mudaria a frase para "o *único* pedido de desculpas que importa é mudar o comportamento". Prometer mudança e agir do mesmo jeito é simplesmente continuar a manipulação. Quando aceitamos as palavras arrependidas de uma pessoa, mas ela continua a ultrapassar um limite, nos tornamos cúmplices dos piores instintos de sobrevivência dela.

Como tudo começa

Jasmine estava vivendo um Feitiço do Tempo horrível e interminável. Antes de me procurar, ela tinha dado um passo corajoso: contar à melhor amiga o que estava acontecendo de verdade. Quebrar o silêncio foi o começo do fim do conluio dela com o abuso de Tom e a incentivou a buscar a terapia. Mas ela precisava de orientação profissional para escapar em segurança, motivo pelo qual acabou no meu consultório.

Na terapia, Jasmine percebeu a conexão entre a negligência dos pais e seu namoro atual. Sua mãe era narcisista e, sem sombra de dúvida, uma Destruidora de Limites. Ela repreendia Jasmine por não alcançar os padrões desejados e dava muita ênfase à aparência. Por exemplo: a filha estava usando o vestido certo para a missa de domingo? A mãe não tinha qualquer compaixão ou interesse pelas emoções de Jasmine. Por outro lado, se importava muito em passar a imagem de uma família perfeita e invejável.

Ser criada por uma narcisista teve um impacto negativo sobre o senso de identidade e a autoestima de Jasmine. Dizer não à mãe ou defender a própria individualidade não eram opções. Jasmine aprendeu que, para ser amada, precisava engolir comportamentos ruins e se adequar aos desejos e às exigências dos outros.

Todo o meu carinho a todas as mulheres que estão lendo este livro e que, como Jasmine, foram criadas por uma mãe narcisista, egocêntrica ou cruel. Esse é um tipo muito específico e doloroso de abuso praticado pelos Destruidores de Limites. Não ter o apoio íntimo e reconfortante da mãe é uma experiência muito solitária, exacerbada pela idolatria materna da sociedade em que vivemos. Muitas dessas filhas sofrem de depressão e ansiedade. A maioria se sente excluída e tem vergonha de assumir que não se sentiu amada pela própria mãe.

Se você tiver sido criada por esse tipo de mulher, eu a entendo e vejo você e tudo o que viveu com muita compaixão. Você *não* tem culpa pela disfunção e pelo comportamento da sua mãe. Não merecia os jogos psicológicos, os insultos ou qualquer abuso que tenha sofrido. Assim como todos os Destruidores de Limites, a mãe narcisista ou fria nunca ficará satisfeita, independentemente do que a filha fizer. Ela está muito longe de ser uma tutora mentalmente saudável que lhe dá a liberdade de fazer suas próprias escolhas e vê você como uma pessoa separada dela.

Para Jasmine, era importante se afastar da mãe enquanto bolava um plano de fuga. Fazia sentido limitar o contato com a mãe tóxica.

Se sua mãe ou seu pai forem Destruidores de Limites, distanciar-se pode ajudar você a ter mais clareza, além de liberar energia para ações em prol de seus objetivos e seu bem-estar. Se precisar de espaço, afaste-se.

Contenção de danos

Colocar limites saudáveis é uma forma muito eficaz de proteger a si mesma e seus relacionamentos. Com Destruidores de Limites, porém, não é tão simples.

Como é comum em dinâmicas abusivas, você pode se sentir tentada a assumir mais que a sua parcela de culpa. Talvez se martirize por ignorar seu corpo lhe dizendo que algo estava errado, com aquelas pontadas no estômago ou o aperto no peito. Ao refletir sobre essas coisas, lembre-se de que o charme agressivo do Destruidor era parte de uma estratégia maior de controle e manipulação. Não precisa se autoflagelar. Você é responsável pelo seu comportamento, não pelo dele.

Para Jasmine, a percepção de que não conseguiria mudar Tom, por mais que tentasse, só veio depois do abuso físico. Mesmo que seu Destruidor de Limites não encoste um dedo em você, a violência emocional e verbal são muito nocivas, em especial se você for sensível. Mais cedo ou mais tarde, você vai chegar ao fim da linha, assim como Jasmine, mas a linha é diferente para cada pessoa, e é você quem decide qual caminho seguir. Por causa do potencial do Destruidor de Limites para desprezar suas necessidades, é indispensável ficar muito atenta para proteger seus interesses, sua segurança e seu bem-estar.

Para sair do redemoinho de manipulação do Destruidor, você precisa ter clareza de que a manipulação com o objetivo de controlá-la *não é aceitável*. Confiar em si mesma pode ser uma tarefa árdua quando alguém lançou uma campanha ferrenha contra a sua perspectiva, intuição e autonomia, mas é possível chegar lá. Crie um espaço para desenvolver e fortalecer sua crença no seu próprio instinto. Se algo parecer fisicamente errado, doloroso ou reprimido, é a sabedoria do seu corpo apitando e dizendo: "Preste atenção. Isso não está certo."

PAPO RETO *Como é improvável que Destruidores de Limites mudem de maneira significativa, é melhor aceitar esse fato. Use as estratégias deste capítulo para se proteger da toxicidade deles, especialmente se não se sentir segura.*

A meditação a ajudará a entrar em contato com a quietude interior e recobrar a energia. O autocuidado é muito importante, em especial se as emoções estiverem afloradas. Você sempre pode se retirar de uma conversa enquanto organiza os pensamentos. Respirar fundo vai restaurar seu equilíbrio. Aprender a usar os 3Rs (Reconhecer-Repelir-Responder) com regularidade vai ajudá-la a se comportar de modo mais consciente. Assim, se alguém tentar usar uma técnica de manipulação, você terá tempo de resposta suficiente para que sua sabedoria e sua verdade guiem suas ações. Sua intuição não se engana.

O segredo é a aceitação. Você nunca vai ganhar de um Destruidor de Limites. Mesmo que tenha o melhor argumento do mundo, o Destruidor não vai reconhecer sua verdade. Tentar convencê-lo do seu ponto de vista é uma tarefa ingrata e exaustiva. Quando tiver clareza disso, faça o possível para salvar a única vida que está nas suas mãos – a sua.

O Destruidor de Limites usa táticas dissimuladas porque, muitas vezes, tem um senso de identidade extremamente frágil e uma profunda aversão por si mesmo. É bem provável que ele tenha medo de ser abandonado caso você se sinta mais autoconfiante. Isso não é problema seu – a insegurança dele é responsabilidade apenas dele. Pare de fazer escolhas para aliviar as feridas internas do Destruidor. Você não tem como compensar a infância horrível dele. Mas pode começar a tomar decisões *conscientes* que aumentem seu próprio bem-estar, sua segurança e seu empoderamento.

Jasmine sabia que sua principal escolha era se libertar das garras de Tom. Ela ia se mudar e nunca mais falar com ele. Bolamos um plano meticuloso para que ela tirasse suas coisas do apartamento enquanto o namorado estivesse viajando a trabalho. Como a mãe de Jasmine, Tom tinha a tendência de se fazer de vítima. Então ela também precisava se preparar mental e emocionalmente para perder a guerra de opinião com os amigos em comum do casal.

Assim como é inútil tentar vencer um Destruidor de Limites, é perda de tempo e energia tentar convencer as pessoas a enxergarem seu ponto de vista. Quem a conhece de verdade não vai duvidar de você ou das suas intenções. Outras pessoas podem ficar do lado do Destruidor de Limites, mas, como Jasmine, você precisa parar de se importar com o que os outros pensam.

Se estiver lidando com um Destruidor abusivo, o ideal é ir embora, cortar o contato ou fazer as duas coisas. Caso ele seja seu pai ou sua mãe, isso pode ser desafiador, mas mesmo assim interromper a comunicação *é* uma opção. Algumas das minhas pacientes apertam o botão de pausar na relação com um Destruidor de Limites na família por determinado período. Então, se decidir voltar a fazer contato, é menos provável que ele ou ela a domine ou tire do sério. Afinal, nada do que essa pessoa faz tem a ver com você.

Caso esteja lidando especificamente com um narcisista, prepare-se para enfrentar a raiva dele se decidir terminar o relacionamento de vez. Lembre-se de que ele se acha no direito de controlá-la e pode fazer de tudo para destruí-la por exercer sua soberania. Você talvez precise bloquear o número dele ou fazer um funeral simbólico do relacionamento que gostaria de ter vivido, e então seguir em frente como se essa pessoa tivesse morrido para você. Seja qual for sua decisão, uma coisa é certa: é impossível usar a razão com indivíduos assim, então nem tente.

Se não for possível ir embora ou cortar o contato, o método Gray Rock (Pedra Cinza), que consiste em ficar apática e sem reação, transformará você em um alvo menos interessante. Destruidores de Limites buscam sua atenção de maneira agressiva para preencher o próprio vazio interno. Vê-la desestabilizada é como uma droga: qualquer reação emocional intensa reabastece o estoque deles. Se você ficar tediosa, eles também ficarão entediados – com você, justamente o que queremos.

Jasmine usou essa técnica enquanto esperava o momento de pôr o plano de fuga em ação. Tom chegava em casa e fazia um comentário sarcástico, tipo:

– Por favor, me diz que você não usou *esse* vestido hoje.

Por mais difícil que fosse, ela respondia em um tom neutro:

– Usei, sim.

Assim como Jasmine, você precisa ter disciplina para não escorregar, independentemente de como se sentir por dentro. Em algum momento, o Destruidor vai buscar a dose de drama que deseja em outro lugar.

Se estiver em um relacionamento impossível de terminar – por exemplo, vocês têm filhos juntos –, é imprescindível tirar qualquer emoção da comunicação. Destruidores de Limites *não ligam* para os seus sentimentos. Lindsey Ellison, autora de *Magic Words: How to Get What You Want from a Narcissist* (Palavras mágicas: como conseguir o que quer de um narcisista), aconselha tratar a comunicação com um narcisista como uma transação de negócios. Ela criou uma fórmula eficaz que envolve entender as feridas e inseguranças do narcisista (não ser digno) e, então, agir de acordo com a forma como ele espera ser visto (digno). Por exemplo: "Pode ajudar o Johnny com o dever de casa de ciências? Você é tão bom em explicar conceitos, acho que ele vai amar." Sim, pode ser difícil elogiar seu torturador, mas lembre-se: são apenas negócios. Alimente o ego dessa pessoa de maneira estratégica para que suas necessidades sejam atendidas. Se não conseguir manipular o manipulador, sair da disputa de poder vai, no mínimo, manter você calma.

Caso esteja envolvida com um indivíduo perigoso, recomendo com veemência que você busque ajuda profissional para lidar com a situação. Se há o risco de que o Destruidor de Limites transforme sua vida em um inferno para provar que ainda a controla, é melhor e mais seguro evitar uma saída dramática. Informe-se sobre apoio a vítimas de violência doméstica e elabore sua saída estratégica com cuidado. Em alguns casos, o método Gray Rock pode ser preferível a uma medida protetiva, porque um instrumento legal pode tornar certos predadores ainda mais violentos. Sua segurança vem sempre em primeiro lugar, e um profissional capacitado pode ajudar a garantir que você fique protegida.

Se você tiver acabado de começar um relacionamento com alguém que suspeita que possa ser um Destruidor de Limites, teste-o resistindo um pouco aos planos dele. Por exemplo, se seu novo par romântico disser "Fiz uma reserva em um restaurante italiano", não responda apenas "Ótimo!". Diga: "Na verdade, estou com vontade de comer comida japonesa." Destruidores de Limites têm dificuldade para controlar seus impulsos, então, mesmo no começo da relação, você verá indícios de ressentimento por ter ousado desafiar o plano deles. Se perceber logo os sinais de perigo, você estará em uma posição bem mais favorável para ser muito firme a respeito dos seus limites ou dar adeus e sair correndo.

Caso não faça o teste, você pode acabar em uma situação em que confunde *submissão* com *compatibilidade*. Certa vez, uma cliente me disse que estava insatisfeita com seu relacionamento "perfeito", ainda que nada estivesse tecnicamente errado. Seu parceiro era, segundo ela, "bem minucioso". (Leia-se: controlador.) Conforme fomos conversando, minha cliente revelou que o companheiro programava a vida social dos dois e nunca perguntava o que ela gostaria de fazer. Na verdade, ele nem sabia do que ela gostava. Como muitas mulheres, essa cliente foi aceitando porque detestava conflitos, mas se sentia muito solitária. É claro que é solitário estar em uma relação baseada em submissão e caracterizada por consideração unilateral, dedicação infinita e sujeição para manter a paz. O autoabandono contínuo pode ser devastador.

Seja qual for a duração do seu relacionamento (amoroso ou não), sua experiência começará a mudar de modo impressionante quando você decidir ser sua própria chefe. Seu tempo é valioso, e é você quem resolve como usá-lo. Se conviver com um Destruidor de Limites que faz comentários abusivos, comunique com clareza que não vai mais tolerar esse tipo de coisa. Por exemplo: "Tenho um pedido simples: que você não me chame mais de 'vagabunda' ou qualquer outro termo depreciativo. Se fizer isso de novo, vou desligar o telefone." O Destruidor *vai* ultrapassar essa linha, e o essencial é que você cumpra com sua palavra. Mesmo que seja desconfortável, é preciso ficar firme e não tolerar comportamentos destrutivos.

Com cálculos e planejamento, Jasmine pôs seu plano em prática. Enquanto Tom viajava, ela tirou seus pertences do apartamento com segurança, bloqueou o telefone e o e-mail dele e se mudou para o outro lado do país. Depois de um período de cura, no qual abordou feridas de infância para não atrair mais homens como Tom, Jasmine encontrou um parceiro maravilhoso, com quem está até hoje. Ela montou uma empresa próspera e é um verdadeiro caso de sucesso, passando de Desastre em Limites para Dona dos seus Limites.

Você também pode alcançar a liberdade. Seja honesta consigo mesma, não desista, descubra qual é o melhor caminho e, então, siga por ele até se libertar do seu Destruidor de Limites.

ENTRE EM AÇÃO

Observação: se você estiver correndo perigo, busque ajuda. Priorize seu bem-estar imediato e elabore um plano cuidadoso para mudar sua situação.

1. **Lembrete mental.** Preste atenção quando a pessoa disser uma coisa e fizer outra. Destruidores de Limites podem ter um discurso persuasivo, mas suas ações revelam a verdade sobre a capacidade ou a intenção deles de realmente mudar.

2. **Vá mais fundo: lista de alvos do Destruidor de Limites.** Aconchegue-se no seu Recanto Zen e procure a seção "Vá mais fundo" na página 228 para completar seu exercício da lista de alvos.

3. **Inspire-se.** Lidar com Destruidores de Limites é exaustivo, então priorizar o autocuidado é mais importante que nunca. Prepare um banho de banheira, faça um detox de telas por 24 horas, prepare refeições nutritivas e se energize. Vou esperar você no próximo capítulo.

CAPÍTULO 10

Limites no mundo real

(Cenários e roteiros)

PREPARE-SE! É HORA DE PARTIR PARA A AÇÃO e aprender roteiros eficazes que você pode adaptar para usar em qualquer situação.

Saber usar as palavras certas na hora certa trará liberdade e alívio. Neste capítulo, vamos ver como estabelecer limites em dinâmicas comuns que ocorrem em diferentes tipos de relacionamento. Use os roteiros a seguir para elaborar os termos que você vai usar com seu parceiro, chefe, sua mãe, amiga ou um desconhecido qualquer na padaria. Com o tempo e a prática, você vai encontrar suas próprias palavras e seu estilo.

Primeiro, vamos revisar o processo de estabelecer limites para elevar as chances de sucesso ao máximo.

Use os 3Rs para falar com propósito

A esta altura, você já conhece os passos para criar planos proativos de limites. Isso significa que tem as ferramentas para tomar decisões com base no seu entendimento de situações existentes e das pessoas a quem está impondo novos limites ou com as quais está mudando a dinâmica atual. (Precisa de um lembrete? Vá para a página 129.) Ao falar sua verdade, lembre-se de que contexto é tudo. Em relacionamentos de longa data, você tem uma noção de quem as pessoas são e de que palavras elas receberão melhor. No entanto, no mundo lá fora, nem sempre um plano proativo de limites é possível. É por isso que, para impor limites em qualquer contexto, com qualquer um, os 3Rs (Reconhecer-Repelir-Responder) são o seu sistema geral. Essa estratégia em três passos ajuda a esclarecer algumas coisas importantes internamente e, então, pedir o que quer de forma eficaz, expressar seus verdadeiros sentimentos ou dizer à pessoa que ela ultrapassou um limite. Aqui vai a revisão.

PAPO RETO *Educar todo mundo sobre limites saudáveis não é trabalho seu, mas criar e proteger os seus próprios limites saudáveis é.*

Primeiro, *reconheça* que há um problema. Dá para saber porque você sente uma coisa ruim – por exemplo, um nó no estômago ou um aperto no peito. A sabedoria do seu corpo *pode* sinalizar um conflito externo (com uma amiga carente, por exemplo), mas *sempre* é um sinal de que há um conflito dentro de você. A sabedoria do corpo é o seu alarme embutido, que dispara quando você não se sente confortável com o que está acontecendo ou prestes a acontecer. Sintonizar-se à sua experiência interna genuína traz informações importantes que você pode, então, usar para identificar o problema.

Em segundo lugar, você deve *repelir* mágoas antigas ou influências insalubres do seu Mapa de Limites. Talvez você reaja a uma velha ferida, em especial quando começa a ficar chateada. Talvez racionalize o comportamento de outra pessoa, justificando as ações dela em vez de se concentrar na sua verdade. Veja bem, uma infração de limites é uma infração. A intenção da outra parte pode ser boa ou ruim, mas se o comportamento dela a magoa, você tem o direito de falar na mesma hora.

Terceiro, *responda* de uma forma clara e consciente. Quando sabe qual é o problema e o que quer, você se torna capaz de escolher as palavras adequadas para comunicar seu ponto de vista e suas emoções. Se sentir que a tia Betty não queria magoá-la com aquela pergunta invasiva sobre não ter filhos, você pode adotar um tom gentil para mudar de assunto. Por exemplo: "Isso não está nos meus planos por enquanto, mas me conte sobre você. Como tem passado?" Se o seu colega estiver tentando arrancar informações pessoais, você pode interromper as perguntas dele de modo mais direto. Por exemplo: "Olha, prefiro manter a minha vida pessoal estritamente *pessoal*." Não é trabalho seu educar todo mundo sobre limites saudáveis. Sua parte consiste em conhecer e proteger seus próprios limites saudáveis.

PAPO RETO *Lembre-se de que você quer se comunicar de forma assertiva. Existe um ponto ideal entre ser passiva ou agressiva demais.*

Roteiros básicos de limites

Limites em ação são um *processo*. Não existe pílula mágica que assegure uma execução perfeita. Portanto, as ferramentas e os roteiros a seguir vão ajudá-la a criar uma base que pode ser melhorada depois. Pegue as palavras que funcionarem para você, treine-as e abra sua mente para todas as maneiras possíveis de responder de forma consciente, construtiva e verdadeira. Quanto mais entranhadas as palavras se tornarem, menos você terá que pensar. A verdade sairá dos seus lábios naturalmente (e talvez até com rapidez). Com o tempo, você também vai encontrar aquele ponto ideal de assertividade saudável, nem passivo nem agressivo demais.

Avalie o que você realmente quer

Conforme for exercitando suas novas habilidades com limites, reserve um momento para fazer um inventário dos seus verdadeiros desejos, em especial se tiver a tendência de ceder demais e fazer demais. Pode ser útil ganhar mais tempo para analisar a situação e descobrir desejos específicos. Por exemplo, se alguém pedir que você concorde com algo que não acha certo, mas uma resposta imediata parecer difícil, você pode dar uma volta no quarteirão ou ir ao banheiro. Use esse tempo para esclarecer como você se sente e como vai reagir.

Aqui vão algumas formas de ganhar mais tempo:

- "Preciso de alguns minutos para me reorganizar. Podemos retomar esse assunto daqui a meia hora?"

- "Podemos conversar sobre isso mais tarde, para eu ter tempo de pensar melhor?"

Depois de refletir, você pode responder com um *não* claro e direto, dependendo do contexto.

- Para uma amiga que quer levá-la um jantar que parece uma roubada: "Vou ter que dizer não, mas adoraria pôr a conversa em dia outra hora."

- Para o colega que quer ajuda com um projeto que está fora da sua área de especialidade, interesse ou dever: "Não posso, infelizmente. Depois que terminar o projeto que preciso entregar, posso voltar para ver se tem algum jeito de ajudar."

- Para a pessoa dando cantada na rua: "Nem vem."

Como comunicar que uma linha foi ultrapassada

O desafio número 1 que vejo com minhas pacientes e alunas é a incerteza sobre como informar a uma pessoa que ela ultrapassou um limite. Muitas vezes, se você conseguir iniciar uma conversa, o resto se resolverá. Alertar logo as pessoas sobre seus sentimentos, preocupações ou objeções pode impedir que um erro ou desentendimento fácil de corrigir vire uma bola de neve. Aqui estão algumas formas de começar uma conversa dessas:

- "Preciso dizer uma coisa..."

- "Queria chamar atenção para uma coisa. No outro dia, eu me senti desconfortável quando..."

- "Preciso compartilhar a minha experiência a respeito do que aconteceu, porque quero que você entenda como eu me sinto e meu ponto de vista..."

- "Quero que você saiba como eu me sinto sobre o que aconteceu..."

Uma das minhas fórmulas favoritas para expressar uma infração de limites em uma situação com emoções à flor da pele é o Processo de Comunicação Não Violenta em quatro etapas que discutimos no capítulo 7. Aqui vai uma revisão rápida (volte à página 147 para saber mais):

"Quando eu vejo que _____" (observação)
"eu me sinto _____" (sentimento)
"porque a minha necessidade de _____ não está sendo atendida." (necessidade)
"Você poderia fazer _____?" (pedido)

Esse processo é eficaz porque você não está insultando ninguém nem fazendo julgamentos. Ele ajuda a outra pessoa a entender como você se sente e comunica a ação específica que vai aliviar o seu aborrecimento.

PAPO RETO *No início, é normal impor limites de um jeito desajeitado ou suando em bicas. Não deixe que isso detenha você. O mais importante é que você fale.*

Cortando a triangulação

A triangulação é um modo tóxico de comunicação no qual duas pessoas estão em conflito e uma delas recruta uma terceira para se envolver, mesmo não tendo nada a ver com o problema. Por exemplo, sua irmã pega a sua camisa social branca emprestada e devolve com uma mancha. Ela acha que você está fazendo uma tempestade em copo d'água. Em vez de assumir a responsabilidade e se oferecer para comprar uma nova, ela reclama com a sua mãe, que se encarrega de dizer que você está sendo mesquinha. Sua irmã não teve coragem de falar isso na sua cara, mas, no fundo, esperava que sua mãe o dissesse, e ela disse. É de enlouquecer, né?

A triangulação acontece o tempo todo no trabalho, entre amigos e em famílias. Fofocar e falar mal das pessoas são formas de triangulação. Mas só porque é comum não quer dizer que seja bom para os envolvidos, inclusive para você.

Tudo o que você precisa fazer é não aceitar ser parte do triângulo, dizendo:

- "Olha, mãe, obrigada por se preocupar. Mas eu vou resolver isso com a Betty diretamente."

Para amigas fofoqueiras, você pode dizer:

- "Com certeza a gente tem assunto melhor do que o drama da Martha com os rapazes. O que você me conta de novo sobre a sua vida?"

- "Prefiro ouvir sobre o seu novo emprego."

Se um parente vem anunciar que a sua mãe está "preocupada" com você, corte pela raiz:

- "Obrigada por se preocupar. Deixe que eu cuido do resto, tia Betty."

Ninguém tem o poder de fazê-la se comportar de um modo que você considere condenável, mesmo que você tenha feito isso no passado. Os comportamentos ruins, inconscientes ou até nocivos dos outros não precisam ditar os seus.

Bloqueando conselhos indesejados

Se quiser compartilhar novidades ou um dilema pessoal com uma amiga, um parente ou um colega que sempre exagera nos comentários, você pode ajudá-los a se portarem melhor começando sua fala assim:

- "Estou precisando desabafar. Você poderia apenas ouvir com compaixão, por favor?"

- "Quero contar o que está acontecendo na minha vida e pedir que você ouça sem dar conselhos ou fazer críticas. Eu ficaria muito grata."

Se não expressou seu desejo assim, seja porque esqueceu ou porque não quis parecer agressiva, você pode cortar qualquer conselho automático (porque sabe que ele vem aí) com:

- "Neste momento, não estou precisando de opiniões. Eu adoraria se você pudesse apenas me escutar com compaixão."

Em relacionamentos – em especial os amorosos – nos quais a outra parte tem um papel bem estabelecido de solucionadora de problemas, talvez seja bom você dar mais contexto:

- "Adoro que você esteja sempre disposto a me ajudar. Mas o que quero agora é que você me escute e tenha fé de que vou encontrar minhas próprias respostas."

Escapando de perguntas indiscretas

Muitas vezes, minhas pacientes e alunas acham que devem explicações e respostas aos outros, até sobre minúcias. Na verdade, você não tem obrigação alguma de responder a perguntas intrometidas, mesmo que não sejam ofensivas. Não é dever seu dar informações pessoais a ninguém, muito menos satisfazer a curiosidade alheia.

Aqui estão algumas formas de se esquivar de perguntas indiscretas:

- Para um pretendente que pergunta quanto você ganha: "Pode acreditar que não chega nem perto do que eu mereço."

- Para um parente que pergunta sobre a sua vida amorosa: "Prefiro não discutir isso agora. Pode deixar que aviso quando quiser compartilhar as novidades."

- Para um colega que quer saber o que você planeja fazer no dia de folga: "Tem um motivo para isso se chamar dia de folga, Bob!" ou "Quer saber? Vai ficar querendo." (Dê uma piscadela.)

Se a pessoa insistir, repita a resposta-padrão. Dependendo do seu relacionamento e do nível de agressividade, você pode acrescentar: "Isso é tudo que tenho a dizer sobre o assunto."

Virando o holofote para o outro lado

Se você já ocupou o centro das atenções por uma pergunta ou um comentário grosseiro, invasivo, inadequado ou agressivo, sabe como é se sentir paralisada, sem palavras. (E, sim, essa "paralisação" se refere àquela parte da dinâmica de lutar-fugir-congelar que abordamos no capítulo 3.) Mais tarde, você pode ser dura consigo mesma, desejando ter tido a coragem de dizer algo. Seu corpo estava apenas tentando se proteger de uma ameaça percebida.

A especialista em dinâmicas de poder Kasia Urbaniak, criadora do Dojo de Autodefesa Verbal, ensina a suas alunas uma estratégia chamada "virar o holofote" para quebrar o gelo e virar o jogo em qualquer situação desconfortável. Como funciona? É simples. Em vez de responder a perguntas que a deixam desconfortável, responda com outra pergunta. Você pode perguntar algo sobre a pergunta da outra pessoa ("Por que isso é relevante para você?"), ou pode se esquivar com uma pergunta sobre algo totalmente diferente ("Onde você comprou essa camisa?").

Virar o holofote funciona porque tira você do centro do palco. Quando se esquiva, você muda a dinâmica. Um dos exemplos hipotéticos de Urbaniak é o seguinte: se um colega homem pergunta por que você não tem filhos, você pode brincar: "Por quê? Está procurando uma mãe?"

Esse exemplo é ousado. A beleza desse método é que você pode responder de *qualquer* jeito que parecer correto. A sua pergunta pode ser engraçada, insolente, sarcástica, séria ou descontraída – a escolha é sua. O importante é que você tome o controle, colocando a pessoa e o comportamento idiota dela no centro das atenções e se esquivando da pergunta grosseira ou inadequada.

Se for algo muito pessoal, você pode virar o holofote dizendo:

- "Por que pergunta?"

- "Por que você quer saber?"

- "Por que você me perguntaria isso?"

Seja mudando de assunto completamente, seja colocando a outra pessoa contra a parede, você conseguiu evitar a pergunta inadequada.

Lidando com o julgamento disfarçado

As críticas veladas podem ser formuladas de um jeito que *parece* prestativo ou atencioso. No entanto, se a sabedoria do seu corpo começar a apitar, você já sabe que aquele julgamento está passando dos limites.

Quando um amigo, parente ou colega de trabalho faz um comentário muito grosseiro e depois diz "Estou só sendo sincero", você pode se sentir inclinada a aceitar essas palavras, mesmo que fique mal por causa delas. Eu digo: não aceite.

Uma pessoa que faz uma crítica construtiva de verdade está do seu lado. Ela se importa com você e está iniciando uma conversa difícil para avisar algo importante. Se você respeitar essa pessoa e souber que ela é sincera, é provável que se abra às críticas dela. Mas comentários sobre você ter usado o vestido errado ou sobre seu cabelo estar feio não têm nada de construtivo.

Da próxima vez que alguém disser que sua calça não favorece seu corpo ou mencionar seu histórico amoroso desastroso, você pode dizer:

- "Não me lembro de ter te perguntado isso."

- "O que você chama de sinceridade, eu chamo de uma opinião que não foi pedida. Por favor, pare."

Se você estiver em um relacionamento com uma pessoa que se esconde atrás da desculpa da "sinceridade", não se coloque na linha de fogo. Por exemplo, se a sua amiga supernegativa disser "Você cortou o cabelo", não responda "Gostou?", pois isso pode abrir a porta para um insulto. Em vez disso, fale apenas: "Sim, cortei." Não permita que ninguém use a própria "verdade" como um porrete para acabar com você. No que diz respeito à sua vida, a verdade que mais importa é a sua.

Não é incomum que a religião seja usada como ferramenta para julgamentos disfarçados. Tive uma cliente que abandonou uma doutrina religiosa, mas ainda encontrava membros do grupo. Eles sempre diziam: "Estamos todos orando por você." O que estava subentendido era *Você está vivendo uma vida errada. Esperamos que volte ao caminho certo logo.* Ela não podia apenas ignorá-los, mas não sabia bem como responder. Criamos algumas estratégias:

- "Obrigada. Estou orando por vocês também."

- "Todos precisamos de orações, obrigada!"

Outra resposta eficaz quando alguém a critica ou passa dos limites é levantar a mão em um sinal de "Pare". Uma linha foi ultrapassada; você não tem que tolerar isso. Um simples gesto diz tudo.

Usando o poder da linguagem corporal

A linguagem corporal é a forma como nos comunicamos por meio de comportamentos, gestos, expressões faciais, etc. Esse processo pode ser consciente ou não, intencional ou instintivo.

Quer você perceba ou não, a sua linguagem corporal está sempre transmitindo sua intenção e disponibilidade, muito antes de qualquer palavra sair da sua boca. Ela pode fortalecer ou prejudicar seus limites. Para ser a mais eficaz possível, a linguagem corporal deve estar alinhada aos resultados desejados.

> **PAPO RETO** *Você treinou as pessoas à sua volta para a tratarem de determinada forma e, agora, está treinando-as outra vez com base no seu novo autoconhecimento. Fale e demonstre isso com palavras, linguagem corporal e atitudes.*

Digamos que uma colega de trabalho, a Tina Tagarela, goste de lhe contar cada detalhe da vida amorosa dela enquanto toma um cafezinho, mas você não gosta das histórias dela – que, aliás, não pediu para ouvir. Você poderia demonstrar seu desinteresse olhando para baixo, virando o corpo para a tela do computador ou dando uma olhada no celular. Se a ficha não cair, você pode ser mais direta: "As manhãs são meu momento mais produtivo, então preciso mesmo voltar ao trabalho."

A linguagem corporal também é importante quando você se depara com uma pessoa com quem não deseja interagir, como um ex-namorado, uma ex-amiga ou uma mãe fofoqueira da escola do seu filho. Na verdade, a linguagem corporal é a chave dessa situação. Você pode sorrir e acenar, mas não pare de andar. Pode dizer "Oi!" ou "Bom te ver. Tenho que correr!". O mais importante é continuar andando, porque não há jeito melhor de dizer "Não vou parar para conversar" do que *não parando para conversar*.

Roteiros para desafios variados

A seguir apresento os desafios mais comuns com limites que ouço de pacientes e alunas, assim como possíveis roteiros para enfrentá-los. Como sempre, se um roteiro não se encaixar perfeitamente na sua vida ou situação, você ainda pode usar essas sugestões como modelos para criar suas próprias respostas.

Comentários e comportamentos ofensivos

"Não tolero comentários racistas. Pare agora ou vou embora."

"Seus comentários/seu toque/suas palavras estão me deixando desconfortável. Por favor, pare, ou vou ter que ir embora."

Se alguém desafia seus pontos inegociáveis

"Meus sentimentos/preferências/pontos inegociáveis não estão abertos para debate ou discussão."

Questões financeiras

"Betty, quando você vai me reembolsar a metade da conta do hotel?"

"Desculpe não poder ajudar. Tenho uma regra de nunca emprestar dinheiro para amigos ou família."

Resolução de problemas

"Estou chateada com o seu comportamento. Como valorizo a nossa relação, não posso deixar de dizer como eu me sinto. Espero que possamos chegar a uma solução satisfatória juntos."

Acalmar conflitos

"Posso pedir para voltarmos a essa conversa depois que os dois tiverem se acalmado?"

Dizer não

"Tenho outras prioridades, mas vou mandar boas vibrações para você resolver esse problema."

"Como você sabe, estou com muito trabalho. Então, infelizmente, não vou poder ajudar com o evento."

"Não, desculpe. Não posso mesmo."

Interrupções

"Posso terminar a minha história, por favor? Depois que terminar, serei toda ouvidos para a sua história sobre o Bob."

"Quando você me interrompe, eu sinto que não está ouvindo de verdade. Quero pedir que pare com isso."

Comentários passivo-agressivos disfarçados de brincadeira

"Estou contando como me sinto, não pedindo sua opinião."

"Estou contando sobre a *minha* experiência. Você não entende os meus sentimentos melhor que eu."

Quando alguém tenta pôr a culpa em você

"Ei, Bob, não vou aceitar isso. As suas escolhas são responsabilidade sua, e se você fez algo por culpa ou obrigação, isso é problema seu."

Cabeleireiros, massoterapeutas ou prestadores de serviço tagarelas

"Eu gostaria de ficar em silêncio. Por favor, não se ofenda se eu fechar os olhos."

"Hoje prefiro uma massagem silenciosa."

Defendendo as suas preferências

"Sei que você adora planejar, mas eu queria que decidíssemos juntos onde e quando nos encontrarmos."

"Reparei que, quando eu falo, você costuma pegar o celular. Posso pedir para você guardá-lo e estar presente aqui comigo, por favor?"

"Esse plano não funciona para mim. Eu adoraria o seguinte: [insira o seu plano desejado]. Você tem alguma ideia de como podemos chegar a um meio-termo?"

Amizades nocivas (que precisam mudar ou acabar)

"Desculpe, não posso ir ao almoço/jantar/ioga." (E nunca esteja disponível.)

"Parece que a gente discute mais do que se entende. Está muito complicado. Acho que é hora de cada um seguir seu caminho."

Se a pessoa tentar fazer você mudar de ideia, reafirme seus limites:

"Não, isso não está bom para mim. Desejo o melhor para você."

"Essa amizade não é mais saudável para mim. Desejo o melhor para você. Mas é melhor nos afastarmos."

Trazendo velhas queixas à tona

Por algum motivo, muitas de nós acreditamos que velhas queixas têm prazo de validade. Para mim, isso está errado. Nunca é tarde demais para tentar ser vista e ouvida ou para acolher uma experiência do passado.

"Sabe, eu estive pensando sobre uma conversa que tivemos mês passado/ano passado/no verão de 1978 e gostaria de dizer o que penso sobre isso..."

"Eu estava refletindo sobre uma coisa que aconteceu na semana passada e queria muito falar que..."

"Olha, eu queria ter dito algo quando isso aconteceu, mas está me incomodando agora, então quero dizer que..."

Lembre-se, é melhor manter as coisas simples e diretas.

Seja a dona da sua verdade

Impor limites saudáveis em qualquer situação é uma questão de usar o poder da sua própria verdade. Manifestar-se é extremamente importante, assim como transmitir a autoconfiança genuína na sua linguagem corporal. Dependendo do cenário, a sua maior e mais eficaz jogada de poder pode ser um olhar direto que diz: *Estou vendo o que você está fazendo, Bob. Hoje não. Aliás, nunca.*

À medida que se tornar mais segura em estabelecer limites, você se capacitará a enfrentar circunstâncias mais difíceis, treinando primeiro com pessoas e situações de baixa prioridade e, depois, passando para aquelas com prioridade mais alta. Suas descobertas podem levá-la a alterar sua lista VIP. Lembre-se: a resistência inicial de alguém a quem você está impondo um limite pode ser apenas uma dor de crescimento e não uma rejeição consciente ou intencional. Confie no seu plano proativo de limites e mantenha o pé no chão e o foco no seu objetivo final: ser vista, ouvida e reconhecida. As 3Ps podem ajudá-la a remover a carga emocional das suas experiências passadas para que você possa reagir de modo mais consciente. Os 3Rs podem ajudar a reconhecer, repelir e responder como a pessoa que você sabe que pode ser.

Você treinou as pessoas à sua volta para a tratarem de determinada forma e, agora, está treinando-as de novo com base nos seus verdadeiros sentimentos, preferências, desejos e pontos inegociáveis. Fale com elas, mas também demonstre o que quer com sua nova linguagem corporal e suas atitudes. Seja ousada o bastante para ser a dona da sua verdade.

ENTRE EM AÇÃO

1. **Lembrete mental.** Esteja ciente de que você ainda está na encruzilhada. Isso significa que, conforme estabelecer novos limites, vai sentir muitas emoções. Você pode impor um limite ou fazer um simples pedido e imediatamente se sentir impelida a retirar o que disse (o que chamamos de reversão de limite). Dê a si mesma pelo menos 48 horas para a ansiedade se dissipar.

2. **Vá mais fundo: visualize o próximo nível de limites.** Agora que você tem as ferramentas e as palavras necessárias, é hora de usar o poder da visualização e criar o seu próximo nível de limites (veja a seção "Vá mais fundo" na página 229).

CAPÍTULO 11

Você, Dona dos seus Limites

FAÇA UMA PAUSA PARA RECONHECER como você é *incrível* por não ter desistido. Honre todo o trabalho árduo necessário para chegar até aqui.

Avaliar com cuidado o que não está funcionando e adotar rapidamente novos comportamentos com limites (usando os 3Rs e seu plano proativo de limites) fica mais fácil e natural com a prática. Dar esses passos para criar uma vida alinhada aos seus verdadeiros desejos vale muito a pena. Jogar confetes toda vez que você escolhe seu próprio empoderamento? *SIM, SIM, SIM.*

É hora do próximo passo crucial: *comemorar* seus esforços e suas vitórias. Toda vez e o tempo todo. São as pequenas ações diárias de priorizar suas preferências, se afirmar e comunicar seus limites e desejos que criam o seu novo normal.

É claro que não é um caminho linear. Sabe aquela história de dois passos para a frente, um para trás? Pois é, isso é esperado. Você vai ser bem-sucedida em alguns momentos e falhar em outros, mas o importante é que está na direção certa. Para seguir focada, você precisa comemorar cada mudança de mentalidade, seja ela grande ou pequena. Recusou com educação o convite para a temida festa de fim de ano do seu chefe e ficou em casa vendo filmes? Maravilha. Parou antes de dizer sim porque um sussurro na sua mente disse não e, portanto, conseguiu um tempo para pensar sobre seus sentimentos e preferências? Tome um sorvete para se mimar. Eu vou amar se você comemorar toda vez que reconhecer que tem uma *escolha*. Qualquer coisa que a deixe mais perto do seu objetivo de autodeterminação consciente merece aplausos. Isso mesmo. Toda vitória importa.

PAPO RETO *Comemore toda e qualquer mudança de mentalidade, seja grande ou pequena. Elas são os tijolos da transformação sustentável.*

Praticando o amor-próprio

Amar a nós mesmas é parte essencial do processo de estabelecer limites saudáveis. No entanto, para várias mulheres que conheço, o amor-próprio é um conceito nebuloso. Muitas pensam nele como um sentimento que simplesmente não têm e nunca vão alcançar. Algumas acreditam que o comportamento dos pais ou dos parceiros em relação a elas determina até que ponto podem ser amadas e até que ponto conseguem ou devem se amar. A esta altura, você já tem plena consciência de como essa lógica é falsa. O amor-próprio começa e termina com você. Ponto final.

Amar-se de verdade não é um sentimento; é um estilo de vida que se manifesta nos seus comportamentos e escolhas. Colocar limites é uma das maiores expressões de amor-próprio, e é por isso que impor barreiras e estabelecer relacionamentos mais saudáveis é sempre importante. Se começasse a malhar, você teria a expectativa de alcançar o abdômen dos sonhos em uma semana? Não. A mesma lógica vale para aprender a colocar limites saudáveis como uma expressão de amor-próprio.

Assim como tudo o que vale a pena, amar a si mesma é um processo que exige esforço. É uma série de atitudes que você toma pelo seu bem. Quanto mais se amar de formas reais e tangíveis, mais autoconfiança você vai ter. A vida é muito melhor quando você sabe que pode contar consigo mesma.

SUA VEZ:
Avaliando seu nível de autocuidado

Como você já sabe, o autocuidado é um componente crucial nessa jornada. Use a lista abaixo (e sinta-se livre para incluir seus próprios hábitos saudáveis) para avaliar como anda seu autocuidado hoje e se é preciso fazer algum ajuste.

- Movimento meu corpo o máximo que posso.

- Presto atenção na minha alimentação.

- Priorizo meu sono sempre que posso.

- Me mantenho hidratada ao longo do dia.

- Me divirto com regularidade.

- Controlo minhas finanças.

- Coloco meu conforto em primeiro lugar.

- Passo um tempo parada e em silêncio todo dia. (Por exemplo, meditando, fazendo exercícios de respiração, trabalho energético, etc.)

Use essas informações para fazer as mudanças necessárias e, assim, aprimorar ou criar uma rotina de autocuidado abrangente.

Nos meus cursos on-line e no meu consultório, vejo que muitas mulheres começam esse trabalho com a intenção de melhorar seus relacionamentos. Mas, no final, a maioria esmagadora cita o amor-próprio e a liberdade pessoal como os resultados mais valiosos. Os dois são o par perfeito. A liberdade pessoal não é possível sem uma base de amor-próprio.

A vida é sua, e você vem em primeiro lugar. É parecido com a instrução de pôr a sua máscara de oxigênio primeiro no avião, por motivos óbvios. Aplique essa ideia a tudo o que fizer. No momento em que você acorda de manhã, pense em formas de trazer mais paz, tranquilidade e contentamento ao seu dia. Como acredito piamente na meditação, começo meu dia meditando. Ficar sentada em meio à quietude e ao silêncio é um ato fantástico de amor-próprio que você pode praticar com regularidade – de preferência, diariamente. A atenção plena ajuda a abrir espaço para mais consciência.

Além da meditação, também acredito no conforto como parte essencial do amor-próprio. Falo de pequenos toques de prazer que podem influenciar como você se sente a cada momento. Já vi várias vezes a alegria de algo simples como comprar flores frescas, ter cobertores confortáveis ou abastecer a despensa com seu chá preferido ou milho de pipoca (ou qualquer coisa de que você goste). Priorizar prazeres sensuais pode ser uma maneira eficaz de se manter conectada ao seu corpo, uma vez que esses pequenos toques também a convidam a estar presente. Quando você está realmente no aqui e agora, é mais fácil respirar, sentir-se bem e tomar as melhores decisões, com base nos seus verdadeiros sentimentos, desejos e experiências (e não na tralha acumulada). Esses atos simples de autocuidado mostram que você está se amando, e não sendo egoísta.

Não é preciso ser rica para prestar atenção aos detalhes da vida. O maior "custo" é aprender a tratar a si mesma com o respeito e a gentileza que você dedica aos outros.

Ficando mais alinhada

Conforme for avançando na estrada da celebração e do amor-próprio, pode ser que você também comece a revisitar sonhos ou prazeres antigos que ficaram para trás. É um processo natural. O autoabandono é sinônimo de limites desastrosos, então talvez você tenha passado anos se afastando de interesses que lhe trazem felicidade genuína. Mas essa parte apaixonada e autêntica de você, que amava pintar ou dançar, por exemplo, nunca morre. Só se esconde. Você não vai sentir que está se expressando de verdade ou completamente alegre se partes do seu verdadeiro eu estiverem sendo negadas ou escondidas. Além disso, redescobri-las pode ser muito recompensador – e bem divertido!

Reacender a chama de sonhos esquecidos é parte essencial do percurso, pois promove o alinhamento do mundo interior com o exterior. Ver mulheres chegando a esse passo da jornada é empolgante.

Em geral, quando começam esse processo de alinhamento, minhas pacientes mencionam com naturalidade os sonhos que tinham anos antes. Algumas gostam de cantar. Outras adoram fazer cerâmica ou sempre sonharam em escrever um livro ou abrir o próprio negócio. Uma paciente queria fazer aula de trapézio. Seja qual for seu interesse específico, quase sempre há uma voz negativa que bloqueia esses desejos sussurrados e diz: "Para *quê*? Eu nunca vou lotar um show, expor em uma galeria bacana ou entrar na lista dos mais vendidos. Vou parecer uma idiota. Não posso." Mas, na verdade, você pode – aliás, *precisa*.

Você está mudando sua mentalidade para exercitar sua autonomia, o que vai lhe dar o verdadeiro gostinho das infinitas possibilidades ao seu dispor. Então, por que não explorar algo que a empolga? Quando falamos dos anseios da sua alma, não é necessário estipular um resultado para que determinada atividade valha a pena. Que tal dizer que vale a pena porque você gosta de fazer aquilo? Porque você se sente bem quando está completamente envolvida em atividades que lhe dão alegria?

Se conseguir mudar o ponto de vista sobre suas paixões, você vai transformar sua vida. Pode até cultivar novos sonhos, mais ousados do que poderia imaginar. Ao permitir que sua alegria guie seu comportamento, você se dá o prazer de fazer mais coisas que ama. Humor melhor, mais autoexpressão, mais hormônios da felicidade, você sendo mais você e por aí vai. Tem coisa melhor que isso?

Mantendo os pés no chão

A energia amplificada que vem da autocelebração, do autocuidado e do amor-próprio é incomensurável. Quando vivemos nossa verdade e tomamos decisões empoderadas para estabelecer limites saudáveis, somos capazes de viver genuinamente, de espalhar nosso pó de pirlimpimpim sobre nós mesmas e sobre as pessoas à nossa volta, em vez de exercer nossa suposta generosidade cheia de angústia. Esse pó de pirlimpimpim é pura magia, a *sua* magia.

PAPO RETO *Traçar limites é uma das maiores expressões de amor-próprio.*

Trazer sua magia à tona não vai deixar sua vida perfeita. Não quer dizer que você nunca mais precisará se esforçar ou enfrentar as sombras de um padrão repetitivo de limites. No entanto, se você seguir firme e praticar diariamente o amor-próprio, a consideração por si mesma e o autocuidado, seus alicerces não vão ruir. Você será capaz de manter sua magia e se recalibrar sem sentir que está em um retrocesso permanente. Confie em mim: sempre existe um jeito de avançar.

Na minha própria jornada, descobri que aqueles momentos de "Ah, que droga!", nos quais percebi que meu porão estava me chamando, podem se transformar em momentos de cura, conexão e amor profundos. Há alguns anos, eu estava em uma conferência com Lara, minha melhor amiga, ouvindo uma figura espiritual famosa enunciar umas besteiras bem arrogantes. Fui ficando muito irritada, pensando: *Essa mulher é uma babaca que julga todo mundo. Quem ela pensa que é?*. De saco cheio, saí no meio da palestra.

Mais tarde, no almoço, Lara me perguntou por que eu tinha saído. Comecei a me exaltar:

– Ela estava presumindo coisas erradas. Aquela mulher não me conhece!

Continuei reclamando até que Lara se inclinou na minha direção e disse, com o tom mais gentil possível:

– Quem mais não conhecia você, Ter?

Ah. Uma luz se acendeu. *Meu pai.*

A palestrante tinha tocado em um antigo ponto sensível e despertado a dor latente da minha criança interior. Mesmo tendo curado as feridas da relação com meu pai antes de ele morrer, eu ainda sentia uma pontada de tristeza de vez em quando. Estou contando essa história porque talvez você também se flagre sentindo pontadas ocasionais de algo que não teve na infância, mesmo que já tenha se habituado a estabelecer limites saudáveis e a se expressar.

Ter limites bem definidos e viver de acordo com eles não significa nunca mais ter um problema ou uma crise ligada à infância. Significa que você é capaz de lidar com esses momentos facilmente e usá-los para aprofundar sua intimidade consigo mesma e com os outros. Naquela ocasião, tive uma conversa com Lara que nos aproximou muito e, no fim, me senti mais completa. Acolher toda a gama das suas experiências não enfraquece seu pó de pirlimpimpim. Pelo contrário. *Aumenta* sua magia de modo exponencial.

Benefícios colaterais de manter os pés no chão

Quanto mais sincera você for consigo mesma, mais sincera conseguirá ser com os outros também. Você começará a perceber que suas reações imediatas – dar conselhos automáticos à sua cunhada, manter a paz a qualquer custo, pôr as necessidades de todo mundo acima das suas – não são tão úteis, amorosas ou necessárias. Quando não se coloca no centro dos problemas dos outros ao oferecer soluções rápidas, você consegue enxergar de verdade a pessoa que está na sua frente – linda, confusa, humana. Isso permite que você também seja mais humana. À medida que ganhar mais confiança na sua sabedoria inata, é natural que você confie nos outros e tenha acesso à sabedoria inata deles também.

SUA VEZ:
Prática da gratidão

Você tem vasculhado e integrado vivências passadas à sua jornada de transformação, observando o que deu errado para poder se curar. É igualmente importante incorporar uma prática regular de reconhecer tudo o que está certo na sua vida agora.

Pare um pouco para evocar sentimentos sinceros de gratidão por experiências, pessoas ou lugares na sua vida. Use a lista a seguir como referência e a adapte se precisar.

- O cheiro de um café recém-passado, de um pão no forno ou da chuva que começou a cair.

- A beleza de uma paisagem urbana, de um beija-flor ou de um pôr do sol.

- A genialidade de Mahler, dos artistas da antiga Motown ou da música comovente de Ariana Grande.

- As pessoas que a apoiam, torcem por você e desejam sua vitória.

- O som do mar, de uma risada de bebê ou do canto de um passarinho.

- Seu lugar preferido para passar um tempo e relaxar, como sua cama aconchegante, um lindo parque ou seu Recanto Zen.

Mudou alguma coisa aí dentro? Pessoalmente, toda vez que penso em um bebê rindo, sinto uma injeção de alegria.

Lembre-se: sua energia acompanha a sua atenção. Quando estiver se sentindo mal, use este exercício para aumentar sua gratidão e melhorar o humor.

Traçar limites saudáveis não tem a ver apenas com ser vista, ouvida e reconhecida, mas também com se sentir mais conectada com as pessoas à sua volta. Agora você também consegue vê-las, ouvi-las e conhecê-las. Relações sem esse espaço nunca são totalmente satisfatórias. Mas quando as duas partes apoiam e celebram as expressões mais sinceras uma da outra, o relacionamento é profundamente íntimo e valioso.

PAPO RETO *Seu nível de amor-próprio estabelece o padrão de todos os outros relacionamentos na sua vida. Pense grande.*

Ter mais clareza interior traz uma nova perspectiva sobre as outras pessoas e sobre como cada uma expressa a própria magia pessoal. Se prestar atenção, verá à sua volta vários modelos de autocuidado, amor-próprio e posturas incríveis a respeito de limites. Manter os olhos abertos pode favorecer seu desenvolvimento contínuo. Quando estiver mais saudável, você poderá enxergar o comportamento dos outros através das lentes que acabou de limpar e ficará impressionada com coisas que a teriam irritado quando você estava presa no inferno dos limites desajustados. Por exemplo, a professora da creche do seu filho, que sempre ressalta que os pais não podem entrar no edifício depois das 8h da manhã, talvez lhe pareça agora apenas clara e direta, e não chata (já que você não está mais mergulhada no pântano de "vamos todos fingir que somos legais"). Uma conhecida que você achava fria pode soar bem mais interessante agora que você não está mais reproduzindo os terríveis padrões de limites da sua infância.

Até pessoas que a irritavam podem ser vistas sob um novo prisma. Como você está pensando em si mesma em primeiro lugar, pode valorizar o jeito exigente "eu primeiro" de uma amiga. Você consegue sugerir com confiança um lugar mais conveniente para um encontro e, então, aproveitar *de verdade* a companhia dela, em vez de ferver por dentro ou reclamar dela para outra pessoa mais tarde. Sua mudança de perspectiva faz com que dê mais valor a quem está falando a verdade e tentando ser visto e conhecido de maneira autêntica. Agora você entende.

Nunca é tarde demais

Anos atrás, me inspirei em uma palestra de Louise Hay, autora do best-seller *Você pode curar sua vida* e fundadora da editora Hay House. Ela começou a apresentação perguntando: "Quem aqui acha que não está onde deveria estar na vida?" Muitas mãos se levantaram. Louise disse: "Se eu puder transmitir uma ideia hoje, é a de que você não está mesmo." Então, ela contou sobre suas conquistas, entre elas o fato de que só foi escrever o primeiro livro, *Cure seu corpo*, após os 50 anos, e só abriu a Hay House, editora líder na publicação de obras de autoajuda, aos 58. Nunca estamos velhas ou atrasadas demais para a verdadeira realização. Me lembro até hoje de como as palavras dela tocaram cada pessoa na plateia, transformando medo em esperança. Saí de lá pensando: *Talvez eu não esteja atrasada, afinal.*

Esteja onde estiver na vida, você também não está atrasada.

Espero que perceba que é uma pessoa única e que suas escolhas podem ser guiadas pela sua particularidade. É sério: não existe ninguém igual a você! Isso é verdade em todos os níveis. Ninguém mais tem exatamente o seu DNA, e ninguém mais o terá. Se achar que deveria estar fazendo mais da vida, comemore! Apropriar-se da sua autenticidade abrirá caminhos incríveis para explorar, acolher e expressar sua própria grandeza.

Você está fazendo um movimento de empoderamento que vai transformar tudo. Não deixe este mundo sem dar vazão a todo o seu potencial, porque isso só serve para privar você e os outros da sua contribuição única. Não temos capacidade suficiente para nos dedicarmos a manter o status quo *e* evoluir como pessoas. A esta altura, já concordamos que manter o *status quo* é supervalorizado.

Não sei você, mas nunca ouvi falar de alguém que no leito de morte tenha dito "Queria ter me neglicenciado mais e negado mais minhas necessidades" ou "Queria ter me desdobrado para agradar o Bob, aquele ingrato, só mais uma vez". Não. A tendência é nos arrependermos do que não fizemos por nós mesmas. Pergunte a qualquer enfermeiro de cuidados paliativos, que escuta as últimas palavras de centenas, se não milhares, de pessoas. Lembro da história de uma mulher com câncer que estava encarando o fim da vida. Ela se olhou no espelho e pensou: *Queria não ter sido tão dura comigo mesma.* Nesse momento, passou um filme de todas as possibilidades que ela nunca tinha explorado. Quando você exerce suas escolhas com base no amor-próprio, quase não tem arrependimentos. O segredo é lembrar que você *sempre* tem opções.

Ao praticar o amor-próprio e estabelecer limites saudáveis, é você quem escreve o roteiro. Você quer que as histórias que ainda não contou nunca sejam contadas? Ou deixar que outra pessoa dite a sua narrativa? O que importa é o que *você* acha relevante ou até inestimável. Ninguém mais neste planeta tem o privilégio de estar no seu lugar, de ver este mundo louco e maravilhoso pelos seus olhos. Se em algum momento você se sentir inadequada por não ser igual a alguém, saiba que isso não é verdade. Eu enxergo sua luz. Você é incrível pelo simples fato de ser quem é.

PAPO RETO *Permita-se ser a pessoa que toma as decisões sobre a sua vida.*

Quando deixamos de nos esconder e passamos a celebrar nossa vida, nos tornamos verdadeiramente empoderadas. Para mim, seu eu autêntico não é imutável. Ele precisa se desenvolver e se adaptar aos dons e talentos inatos que você vai descobrir e explorar. Como diz o psicólogo organizacional Adam Grant: "Não precisamos nos prender a um único eu autêntico. Podemos testar novas identidades e nos apropriar delas. Não precisamos ser fiéis a nós mesmos. Podemos ser fiéis às versões que queremos ser." Suas opções impactam a forma como você acolhe seu eu autêntico. Ao honrar quem você realmente é, você se abrirá para a parte mais verdadeira e nobre de si mesma. É assim que fazemos mais bem ao mundo.

Se uma parte de você, ainda que minúscula, estiver duvidando da sua capacidade, ouça o que eu digo: sem sombra de dúvida, você *consegue*. Agora é a hora. Você é capaz de fazer essa mudança.

Pegue as informações de qualquer trecho deste livro que tiver achado útil e ponha em prática. Aproprie-se dele. Se uma única frase ficar na sua mente e levar a ações ou pensamentos que a ajudem a identificar a causa do seu sofrimento e diminuí-lo, então cumpri com meu objetivo. As ferramentas e estratégias deste livro são a base. Elas continuarão relevantes à medida que você for crescendo e se desenvolvendo, pelo resto da vida. Ao longo do caminho, diferentes verdades vão se manifestar. As mesmas ideias vão assumir novos significados conforme seus olhos forem se abrindo.

Sonhe grande e tenha a audácia de acreditar que seus sonhos são importantes, assim como *você* é importante. Enxergue o seu valor, e ninguém vai conseguir pará-la. O efeito de ser autêntica e viver de acordo com seus verdadeiros desejos é mais profundo do que você imagina.

Permita-se fazer as coisas de um jeito diferente, mudar sua mente, dizer não, errar, gargalhar, cantar, sorrir, ousar e simplesmente *ser*. O fundamental é que você tome suas *próprias* decisões.

Você consegue.

E eu vou estar aqui torcendo por você.

ENTRE EM AÇÃO

1. **Lembrete mental.** Toda vez que você tiver uma reação nova ou uma mudança de mentalidade, comemore. Reconheça cada movimento novo. Pode parecer pequeno, mas até mudanças minúsculas são grandes. Se damos pequenos passos com consistência, geramos transformações sustentáveis.

2. **Vá mais fundo: explore mais ferramentas on-line.** Agora é o momento perfeito para se aconchegar no seu Recanto Zen e explorar ferramentas, estratégias, meditações guiadas, exercícios energéticos e muitas outras coisas boas que tenho para você no pacote on-line em BoundaryBossBook.com/bonus [em inglês].

Vá mais fundo

Os EXERCÍCIOS DESTA SEÇÃO são essenciais. Não pule!

Cada um deles ajuda a incorporar o conceito do livro e guia você no desenvolvimento das habilidades necessárias para pôr seus novos conhecimentos em prática. Você pode fazer a maioria dos exercícios mais de uma vez para aprofundar seu entendimento e suas habilidades.

Capítulo 1: De Desastre em Limites a Dona dos meus Limites

Crie seu próprio Recanto Zen

1. **Escolha um local.** Pode ser um canto em um quarto, um cômodo inteiro ou um espaço ao lado da sua mesa de cabeceira. Qualquer lugar que pareça convidativo e confortável.

2. **Personalize.** Decore seu Recanto Zen com elementos que transmitam uma sensação calmante e inspiradora – por exemplo, um cordão de luzes, uma vela, um frasco de óleo essencial, um cobertor macio, uma almofada ou seus cristais preferidos. Qualquer coisa que nutra e alegre você é perfeita.

Esse é o seu espaço sagrado. Quando estiver pronta, volte a ele com frequência para refletir, escrever no diário, fazer exercícios de respiração, meditar, completar seus exercícios ou até recarregar as baterias por alguns instantes.

Já está sentindo aquele suspiro na alma?

Comece a meditar

A prática de meditação cria mais espaço dentro de você e na sua vida. Como já vimos, pode inclusive acrescentar entre dois e três segundos de tempo de reação a todas as suas interações. Essa pausa essencial permite que você responda de maneira refletida, e não reaja por impulso. Isso muda o jogo.

- Comece aos poucos. No início, estabeleça o objetivo de ficar sentada por cinco minutos. Programe um alarme.

- Sente-se, acenda uma vela e respire de maneira longa, lenta e profunda.

- Use um mantra em sânscrito que é bem simples e universal: *so ham*, que significa "Sou isso". Repita em silêncio *so* ("Sou") ao inspirar e, então, *ham* ("isso") ao soltar o ar.

- Faça essa meditação todo dia – se possível, logo ao acordar. Preste atenção ao que muda quando você acrescenta alguns instantes de quietude e silêncio à sua rotina diária. Quando se sentir confortável, tente adicionar um minuto por semana, até chegar a 20 minutos.

Capítulo 2: Noções básicas de limites

Aceitável/inaceitável

Acomode-se no seu Recanto Zen, pegue seu diário e se prepare para desvendar o que é aceitável ou inaceitável para você. Quanto mais clareza você tiver sobre o que a desagrada, mais fácil será identificar quais limites deseja em todas as áreas da vida.

Use as perguntas a seguir como um guia para esboçar uma lista sem censura. Você pode completá-la em mais de um dia, fazendo anotações conforme as circunstâncias ou situações forem surgindo. Talvez você perceba que a lista Aceitável vai aumentar depois que você mergulhar na lista Inaceitável. Tente criar uma lista principal do que é aceitável/inaceitável em todas as áreas da vida neste momento, inclusive nos seus relacionamentos.

Casa. Como você prefere que seja? Pense no nível de ruído, iluminação, atmosfera, texturas, limpeza, etc.

Trabalho. Você gosta do que faz? Pense em como interage com os colegas e reflita sobre o ambiente, as condições de trabalho, a cultura corporativa, etc.

Finanças. O que é aceitável/inaceitável no que diz respeito a gastos, economias, um orçamento compartilhado com o cônjuge ou a divisão das despesas com outras pessoas? É aceitável ter uma poupança pequena, ou você precisa de muito dinheiro no banco para se sentir bem?

Amor e namoro. Você prefere um relacionamento firme ou encontros casuais? Qual é sua forma preferida de comunicação: mensagens de texto, telefonemas ou chamadas de vídeo? Como você gosta de solucionar os problemas? Quanto tempo deseja que você e a pessoa passem juntas ou separadas? Onde, quando e com quem é aceitável fazer sexo? E o que é aceitável fazer?

Corpo. Como andam sua saúde física e seu bem-estar? Você tem hábitos diários ou semanais que são inegociáveis (ioga, meditação, etc.)?

Espaço pessoal. De quanta distância física você precisa? Prefere um aperto de mãos ou um abraço? Gosta de ser tocada ou não? Qual é a diferença entre amigos próximos ou um par romântico e entre estranhos ou meros conhecidos?

Crenças e opiniões. Você acha aceitável quando as crenças e as opiniões dos outros divergem das suas? Consegue escutar com a mente aberta ou se torna crítica? É capaz de defender suas próprias crenças ou opiniões se outra pessoa discordar? É aceitável ou não ter um debate acalorado?

Pertences. É aceitável que os outros peguem seus pertences ou dinheiro emprestados, ou que provem comida do seu prato?

Comunicação. Você gosta de se comunicar bastante com amigos, família e pares românticos ou não? Prefere se aprofundar ou manter as coisas leves? É aceitável que as pessoas a interrompam enquanto você está falando?

Social. Você prefere sair ou ficar em casa? Gosta de atividades em grupo ou prefere mais tempo a dois/duas? Shows ao vivo, passeatas, festas, bares e multidões são aceitáveis ou inaceitáveis?

Relacionamentos. Liste qualquer coisa que esteja acontecendo em qualquer um dos seus relacionamentos e que não seja aceitável.

Essa lista vai se transformar conforme você for progredindo. Lembre-se: só você sabe o que é aceitável e inaceitável para você. Quanto mais respeitar sua lista, mais empoderada e satisfeita você vai se sentir.

Capítulo 3: A conexão de codependência

Avaliação de trabalho emocional

Use a lista a seguir para identificar relacionamentos que têm um saldo desigual de trabalho emocional e nos quais você talvez esteja assumindo mais responsabilidades do que precisa.

Lista de trabalho emocional

Muitas vezes, sinto que estou fazendo tudo por todo mundo.

- Queria que as pessoas reconhecessem mais o meu esforço.

- Às vezes, me sinto sobrecarregada e ressentida.

- Costumo agir como mediadora entre as pessoas.

- Se eu não estivesse presente, nada aconteceria.

- Me sinto responsável por solucionar os problemas e as questões dos outros.

- Meu(minha) parceiro(a)/amigo(a)/pai/mãe/chefe costuma subestimar o tempo e a energia que as tarefas exigem.

- Sou a pessoa que todos procuram para resolver problemas na vida pessoal ou profissional.

- Às vezes, saio de uma interação social me sentindo exausta e esgotada.

- Me identifico como uma codependente de alto rendimento.

- Muitas vezes penso que, se quero que algo seja feito, é melhor eu mesma fazer.

- Às vezes, não sei explicar por que me sinto tão exausta.

Quanto mais itens você tiver marcado, mais trabalho emocional está fazendo.

Perguntas para refletir

Em que situações você está se oferecendo para fazer – ou simplesmente *fazendo* – mais trabalho emocional do que é necessário?

→ Em que áreas da sua vida você é a pessoa que todos procuram para fazer tudo?

→ Em que áreas seu(sua) parceiro(a)/irmã(o)/colega de trabalho é a pessoa a quem os outros mais recorrem?

Faça uma lista das tarefas, tanto emocionais quanto físicas, pelas quais você está se responsabilizando. Em seguida, veja em que situações você pode delegar ou abrir negociações, ou das quais pode se retirar. Criar mais equidade nas relações vai reduzir seu ressentimento e aumentar sua energia.

Capítulo 4: Dados corrompidos sobre limites

Seu Mapa de Limites, edição panorâmica

Este exercício é fundamental na sua jornada. Na verdade, você deu início a ele no exercício "Sua vez" do capítulo 4. Mas aquilo foi só um retrato parcial. Agora chegou a hora de ir mais fundo.

Na sua infância, sua família de origem tinha regras específicas sobre como os membros se relacionavam uns com os outros e com o mundo exterior. Essas regras prepararam o cenário para sua habilidade (ou a falta dela) de criar limites nas suas relações pessoais e profissionais de hoje.

Acomode-se no seu Recanto Zen e leia as perguntas a seguir. Depois, dê a si mesma tempo e espaço para refletir, lembrar e escrever no diário sobre as perguntas a que respondeu sim. Pode ser bom fazer este exercício ao longo de várias sessões, aprofundando suas reações e percepções.

→ Você cresceu em um lar onde havia abusos, vícios, regras rígidas ou negligência?

→ Seus pais, cuidadores ou as pessoas que a criaram têm pouca habilidade para solucionar problemas? Eles reagiam a conflitos com hostilidade, silêncio ou violência física ou verbal?

→ Você tinha pouca privacidade física e material? (Podia fechar a porta do quarto? Suas coisas eram sagradas ou os outros podiam pegá-las e usá-las? Com ou sem sua permissão?)

→ Todo mundo sabia o que todos estavam fazendo? Os membros da família se envolviam demais nos assuntos e relacionamentos dos outros?

→ Havia um ou mais membros da família que controlava os demais?

→ Você era punida por dizer não ou por não seguir o grupo?

→ Sua família acreditava que existia um jeito "certo" de fazer as coisas, com pouca tolerância a novas ideias ou sugestões?

→ Você não era estimulada a compartilhar seus pensamentos e sentimentos caso eles divergissem do grupo?

→ Você era elogiada ou recompensada por ser uma "boa menina"? Incluindo ser obediente, agradável, educada e gentil?

→ Você regularmente recebia conselhos ou críticas que não pedia?

→ Suas necessidades emocionais e/ou físicas eram negligenciadas?

Refletir mais a fundo sobre suas respostas *sim* vai jogar novas luzes sobre a forma como os membros da sua família se relacionavam entre si e com o mundo externo. Isso lhe dará uma imagem detalhada do seu Mapa de Limites, que a guiará no restante do caminho.

Capítulo 5: Indo mais fundo – Agora não é aquela época

O inventário dos ressentimentos

Só você pode se libertar da prisão tóxica dos ressentimentos, sejam eles novos ou antigos. Tomar consciência é o primeiro passo. A ferramenta de autoavaliação rápida abaixo vai ajudá-la a entender como você se sente e do que precisa. Leia as perguntas e faça uma lista de respostas. Em seguida, decida se tem que agir.

- Alguma coisa está deixando você ressentida agora?
- Em que âmbitos você se sente chateada, magoada, ignorada ou invisível?
- Você ainda guarda ressentimento por alguma experiência passada?

Se você carrega ressentimentos antigos, pode ser bom anotá-los no seu diário, escrever uma carta que nunca enviará ou, quando adequado, ter uma conversa direta para expressar seus sentimentos. Acolher a dor é uma forma de falar a verdade e ser vista. Este exercício foi formulado apenas para a sua libertação, e não para perdoar ou justificar o comportamento de outra pessoa.

Capítulo 6: Os 3Rs – Reconhecer-Repelir-Responder

Conheça suas preferências, desejos e pontos inegociáveis

Este é o momento perfeito na sua jornada para estabelecer distinções claras entre suas preferências, seus desejos e seus pontos inegociáveis.

Volte à lista de Aceitável/Inaceitável (na seção "Vá mais fundo" do capítulo 2). Divida os itens da lista de acordo com a intensidade do que você sente em relação a eles. Cada item deve ser ou uma preferência (seria bom), ou um ponto inegociável (não posso viver sem) ou um desejo (algo entre as outras duas categorias).

Lembre-se: *você* é a maior especialista nas suas necessidades. Não precisa da aprovação de ninguém para sentir o que sente. Revisar a lista Aceitável/Inaceitável se concentrando nas suas preferências, desejos e pontos inegociáveis esclarece onde há espaço para encontrar um meio-termo (uma preferência) e onde você não pode e não deve ceder (pontos inegociáveis).

Frases motivacionais podem ajudar, sim!

Uma frase motivacional é uma declaração pessoal que pode ter impacto sobre a autoestima, os níveis de estresse e os comportamentos. O que você talvez não perceba é que frases negativas também podem ser motivacionais. Mas elas estimulam comportamentos que você não quer, como limites desajustados.

Escolha conscientemente frases positivas que aumentem a autoestima, reduzam o estresse e treinem sua mente inconsciente (isso é importante porque é ela que orienta o seu comportamento). Isso a ajudará a se manter concentrada no que quer, e não no que teme ou foi condicionada a esperar.

Comece elaborando algumas declarações motivacionais positivas a respeito de si mesma, da sua vida ou do mundo. Então, repita-as ao longo do dia. Para criar suas frases:

- Escreva na primeira pessoa do singular (use "eu").

- Use verbos no presente.

- Use apenas afirmações positivas. Por exemplo, em vez de dizer "Eu não estou mais exausta todo dia", o que reforça o lado negativo, inverta e diga "Eu me sinto mais energizada a cada dia!".

- Escreva frases curtas.

- Escreva frases que tenham significado emocional para você. É necessário sentir que elas se encaixam na sua realidade.

- Quando falar as frases em voz alta, perceba quais emoções sente ao ouvir essas verdades.

Exemplos para começar:

- Eu me amo incondicionalmente.

- Expresso minhas preferências, meus desejos e meus limites com facilidade e harmonia.

- Eu me trato com a mesma gentileza e consideração que ofereço aos outros.

- Priorizo meu prazer todos os dias.

- É fácil ficar calma e relaxada.

Quando perceber uma voz negativa na sua cabeça ou frases baseadas no medo ecoando na mente, retorne com tranquilidade à sua frase positiva e *sinta as emoções* associadas a ela. Preste atenção no fato de que as palavras têm asas e poder criativo. Elas podem voar e pôr as coisas para funcionar. Fale sobre si mesma, sua vida e seu potencial da forma como quer que eles sejam.

Você também pode usar frases motivacionais gerais no seu cotidiano. Por exemplo:

- Tudo flui com facilidade e harmonia.

- Eu sempre tenho tempo mais que suficiente.

- Sou guiada e protegida pelo divino.

- Minha vida tem fartura e abundância.

- Todas as minhas necessidades são supridas com facilidade.

- Eu sou amada.

- Eu tenho valor.

- Sou grata por todas as minhas bênçãos.

Usar frases positivas com consciência eleva a vibração energética que você emite para o universo, o que tem um impacto positivo sobre as experiências que atrai. Essa é uma forma de aproveitar o poder incrível da sua intenção para criar uma vida plena.

Capítulo 7: Saem os limites reativos, entram os limites proativos

Sinceridade na comunicação

Muitas de nós aprendemos que contar pequenas mentiras inofensivas para evitar conflitos não causa danos. Mas isso não é bem verdade, em especial nos relacionamentos de alta prioridade. Falar meias-verdades, omitir informações ou tolerar esse comportamento nos outros para manter a paz enfraquece seu poder pessoal e seus limites saudáveis.

Para avaliar sua sinceridade atual na comunicação, marque os comportamentos com que se identifica:

- ☐ Digo coisas que não quero para evitar desconforto, como aceitar um convite para um evento ao qual não tenho a intenção de ir.

- ☐ Às vezes, uso mentiras inofensivas para evitar conflitos. Por exemplo, não atendo a ligação de uma amiga que dá trabalho ou digo que estou jantando quando não estou.

- ☐ Tenho tendência a bajular os outros para manipular uma situação.

- ☐ Quebro promessas que fiz a mim mesma e aos outros.

- ☐ Reclamo dos amigos pelas costas, mas raramente expresso meu descontentamento de maneira direta.

- ☐ Em geral, fico quieta em vez de demonstrar meu desconforto quando alguém fofoca, conta uma piada ofensiva ou profere um discurso de ódio na minha presença.

- ☐ Mesmo quando sei que alguém está sendo desonesto ou não está cumprindo o que prometeu, raramente confronto a pessoa.

- ☐ Costumo criar desculpas para o comportamento ruim dos outros em vez de confrontá-los.

Os itens que você marcou identificam as áreas em que falta sinceridade na sua comunicação. Agora, escolha três ou quatro deles. Escreva no seu diário sobre onde, quando e com quem cada situação aconteceu e como você se sentiu depois.

O que você aprendeu sobre seus padrões? Use esse conhecimento para fazer escolhas diferentes da próxima vez, comunicando-se de forma mais consciente e íntegra daqui para a frente.

Capítulo 8: A coisa está ficando séria

Vivencie o luto pelo sonho

Muitas vezes, esse processo de transformação lança luz sobre experiências dolorosas ou decepcionantes da infância. Para acolhê-las e se libertar delas, precisamos aceitar o que realmente houve e viver o luto pelo que gostaríamos que tivesse acontecido. Lamentar sinceramente pelas suas decepções quando criança, sem culpa ou julgamento, vai libertá-la para obter mais satisfação e alegria na sua vida atual.

Siga estes três passos:

1. Identifique decepções na infância que você precisa acolher.

2. Escreva no seu diário sobre o que realmente aconteceu e o que você gostaria que tivesse acontecido. Seja específica a respeito dos seus sentimentos e tenha compaixão por si mesma e pela sua dor. Pode ser bom compartilhar o que escreveu com um amigo empático ou um profissional.

3. Agora, arranque essa página do diário e a queime na pia, no jardim ou em qualquer lugar seguro. A queima ritualística pode ser uma forma poderosa de liberar a retenção energética de decepções passadas. (Se não puder queimar a página com segurança, você pode rasgá-la.)

Capítulo 9: Destruidores de Limites

Lista de alvos do Destruidor de Limites

Se você tiver problemas com um Destruidor de Limites, é importante entender com quem está lidando. O primeiro passo é fazer um inventário dos comportamentos da pessoa, incluindo táticas de manipulação, infrações de limites anteriores e se a sua conexão com ela é obrigatória ou opcional.

Este exercício pode ativar gatilhos. Seja gentil consigo mesma e aja como uma observadora empática.

Use os passos a seguir para reunir informações sobre seus Destruidores de Limites, um de cada vez.

1. **Quem:** membros da família, amigos, parceiros românticos, irmãos, chefes, colegas de trabalho, etc.

2. **O comportamento dele(a):** comunicação passivo-agressiva, *gaslighting*, qualquer forma de abuso, *love bombing*, desonestidade, _____ (acrescente suas ideias).

3. **O impacto:** medo, ansiedade, ressentimento, exaustão, autoestima reduzida, perda financeira, _____ (acrescente o seu).

4. **A conexão:** prioridade baixa, prioridade alta ou obrigatória (por exemplo, quando há filhos em comum).

Depois de identificar os padrões em jogo, você estará em uma posição muito melhor para agir de maneira estratégica e bem-sucedida. Para elaborar um plano de ação ou o próximo passo, volte à página 197, no capítulo 9.

Capítulo 10: Limites no mundo real (Cenários e roteiros)

Limites avançados

Agora que você tem as ferramentas (plano proativo de limites, os 3Rs e roteiros) para pôr suas habilidades com limites em ação, acrescente a visualização à sua caixa de ferramentas para fortalecer ainda mais sua nova vida. A visualização pode ajudar você a deixar de ser um obstáculo no seu próprio caminho ao se conectar com os resultados que deseja e com a sensação de alcançá-los *antes* que eles se concretizem. Isso ajuda a torná-los realidade. Deixe seus sentidos irem além da realidade atual. Visualize o que você *deseja*. Seja o mais detalhista possível ao criar a imagem e sentir as emoções de ter conversas empoderadas sobre limites.

Siga este processo de três etapas para criar limites avançados.

1. **Veja.** Visualize a si mesma em uma reunião, negociação ou avaliação anual importante. Evite se concentrar no que você tem medo que aconteça. (Por exemplo, ter um branco, concordar com termos desvantajosos ou se sentir humilhada.) Em vez disso, foque no que você quer que ocorra. Veja-se como uma pessoa forte, articulada e empoderada – seja qual for o desfecho.

2. **Diga.** Fale sobre si mesma, seus desejos e seu potencial de maneira positiva e potente. (Por exemplo, em vez de afirmar "Espero não me atrapalhar durante a minha fala", diga "Estou confiante de que mereço um aumento. Eu sei negociar".)

3. Sinta. Feche os olhos e respire fundo. Mantenha em mente a imagem que você criou. Em seguida, usando todos os sentidos, evoque as sensações de realmente vivenciar o que está visualizando. (Por exemplo, o ambiente está na temperatura perfeita. As cadeiras são confortáveis. Você está relaxada e confiante. Fala de forma sincera e assertiva. Sai de lá se sentindo orgulhosa por ter negociado um aumento de salário com sucesso.)

Você pode aplicar a visualização a qualquer situação. Quando usada com frequência, essa técnica tem um profundo impacto positivo sobre a sua capacidade de implementar suas novas habilidades com limites, todos os dias. Passe cinco minutos a cada manhã fazendo esse exercício para aproveitar o incrível poder da sua intenção.

Agradecimentos

Foi preciso um grupo de apoio inteiro para escrever este livro. Sou profundamente grata por toda a incrível força que recebi.

Em primeiro lugar, agradeço ao meu amor, Victor Juhasz, por sua infinita paciência e sua contribuição artística. E por se incumbir de *tudo* no último ano, incluindo – mas não se limitando a – fazer compras, cozinhar, lavar roupa, me incentivar e proporcionar alívio cômico. Ele fez tudo com o mesmo bom humor sexy, a mesma generosidade e a mesma devoção com que sempre me presenteou nos últimos 24 anos. Eu te amo mais ainda.

Sou grata a nossos filhos, Max, Alex e Ben, e a suas lindas famílias por me inspirarem a me esforçar para ser a melhor versão de mim mesma e por entender minha ausência enquanto eu estava na caverna da escrita. Amo muito todos vocês.

A minha mãe, Jan Cole, e minhas irmãs, Tammi Rothstein, Kimberly Epstein e Kathy Hughes, muita gratidão por me ensinarem o poder da irmandade solidária e a alegria de uma dança espontânea.

A minhas amigas mais próximas desde que Nixon era presidente: Donna McKay, Carrie Godesky, Ilene Martire, Cathy McMorrow, Maureen Ambrose e Denise Perrino. Agradeço por cinco décadas de solidariedade e por me deixarem falar sem parar sobre limites nos últimos três anos.

À minha rede de apoio, inspiração e amizade, uma bênção na minha vida: Lara Riggio, JoAnn Gwynn, Patty Powers, Danielle LaPorte, Kris Carr, Kate Northrup, Debbie Phillips, Amy Porterfield, Christina Rasmussen, Christine Gutierrez, Jessica Ortner, Julie Eason, Davidji, Deb Kern, Gabby Bernstein, Richelle Fredson, Danielle Vieth, Latham Thomas, Elizabeth Dialto, Suzie Baleson, Carole Gladstone e Taryn Rothstein.

À minha amada Equipe TC, por dar conta do trabalho com tanta generosidade ao longo do último ano. Agradecimentos especiais a Tracey Charlebois pela estratégia mágica, além da paciência e da bondade ilimitadas. Ao meu braço direito, Joyce Juhasz, por me manter organizada e sã e por sempre revisar tudo. Ao designer e amigo Wayne Fick, por criar lindamente a capa e o projeto gráfico da edição original do livro.

A Suzanne Guillette, minha colaboradora de escrita e amiga de confiança, por ter vindo ficar conosco para uma sessão de planejamento de fim de semana que se transformou em uma maratona de três meses. Nada teria acontecido sem você.

À minha agente literária, Stephanie Tade, que sabia que eu era escritora muito antes que eu mesma soubesse e que esperou pacientemente uma década até minha ficha cair.

A todos da Sounds True que trabalharam incansavelmente. Agradecimentos especiais ao editor assistente Jaime Schwalb por sua orientação, paciência e gentileza e por me incentivar a usar minha perspectiva única para este material. À minha editora de desenvolvimento, Joelle Hann, cuja visão e cujas habilidades ajudaram minhas palavras a fluir com mais facilidade e elegância. E à editora assistente de aquisições, Anastasia Pellouchoud, por me "encontrar" e me levar para casa na Sounds True.

Notas

Introdução

Para aquelas que estão operando eternamente no piloto automático para dar conta de tudo ou afetadas pela "síndrome da boazinha", de Harriet B. Braiker em *A síndrome da boazinha* (Rio de Janeiro: BestSeller, 2011).

Capítulo 1: De Desastre em Limites a Dona dos meus Limites

Como escreveu Richard Bach: "Você ensina melhor aquilo que mais precisa aprender", de Richard Bach em *Ilusões: as aventuras de um messias inseguro* (Rio de Janeiro: Record, 2011).

Como escreveu Marianne Williamson: "Não é tarde demais", de Marianne Williamson em *A idade dos milagres: valorizando a maturidade* (São Paulo: Prumo, 2008).

Capítulo 2: Noções básicas de limites

Segundo E. J. R. David (...) costumamos acreditar em mensagens negativas sobre quem somos, de E. J. R. David em "Internalized Oppression: We

Need to Stop Hating Ourselves", em psychologytoday.com (30 de setembro de 2015), acesso em 13 de julho de 2020.

Onze anos depois (...) a campanha de Tarana foi reativada em um âmbito muito maior durante a investigação de abusos sexuais cometidos por Harvey Weinstein, de Sandra E. Garcia em "The Woman Who Created #MeToo Long Before Hashtags", em nytimes.com (20 de outubro de 2017), acesso em janeiro de 2020.

Boas notícias: um ano após o movimento #MeToo atropelar preconceitos, de Maya Salam em "A Record 117 Women Won Office, Reshaping America's Leadership", em nytimes.com (7 de novembro de 2018), acesso em janeiro de 2020.

Nas sábias palavras do especialista em meditação e atenção plena Davidji: "Nós transformamos o mundo quando nos transformamos", de Davidji em *Sacred Powers: The Five Secrets to Awakening Transformation* (Carlsbad, CA: Hay House, 2017).

Capítulo 3: A conexão de codependência

Como a pioneira psicóloga clínica Dra. Harriet Lerner escreveu, "nossa sociedade cultiva sentimentos de culpa nas mulheres", de Harriet Lerner em *The Dance of Anger: A Woman's Guide to Changing the Patterns of Intimate Relationships* (Nova York: Harper Collins, 1993).

A escritora Gemma Hartley (...) define trabalho emocional como "a combinação de gestão emocional com gestão de vida", de Julie Beck em "The Concept Creep of 'Emotional Labor'", em theatlantic.com (26 de novembro de 2018), acesso em março de 2020.

Minha história favorita sobre esse tema é a de Maddie Eisenhart, de Julie Compton em "What Is Emotional Labor? 7 Steps to Sharing the Burden in Marriage", em nbcnews.com (9 de novembro de 2018), acesso em março de 2020.

Além da programação para evitar a rejeição, temos outro instinto de sobrevivência: a resposta de luta, fuga ou congelamento, de "Fight, Flight, Freeze" em anxietycanada.com, acesso em abril de 2020.

A escritora e terapeuta Harper West observou que, nos tempos modernos, a reação de luta, fuga ou congelamento é mais comum em resposta a ameaças emocionais, de Harper West em "How the Fight-or-Flight Response Affects Emotional Health", em harperwest.co (18 de dezembro de 2017), acesso em março de 2020.

Há indícios de que o estresse crônico contribui para quadros de pressão alta, entre outras condições, de "Understanding the Stress Response" em health.harvard.edu (março de 2011), acesso em março de 2020.

Comparou o processo a "limpar as portas da percepção", de William Blake em O matrimônio do céu e do inferno (São Paulo: Iluminuras, 2020).

Como disse certa vez a ativista dos direitos civis e poeta Audre Lorde: "Quando ouso ser poderosa e coloco minha força a serviço da minha visão, o medo que posso estar sentindo fica cada vez menos importante", de University of New Mexico's Women's Studies Syllabus, outono de 2003, em unm.edu/~erbaugh/Wmst200fall03/bios/Lorde.htm, acesso em 15 de abril de 2020.

Capítulo 4: Dados corrompidos sobre limites

Como disse Louise Hay, "O poder está sempre no momento presente", de Louise L. Hay em Você pode curar sua vida (Rio de Janeiro: BestSeller, 2018).

Capítulo 5: Indo mais fundo – Agora não é aquela época

No famoso livro (...) de Don Miguel Ruiz, baseado na antiga sabedoria tolteca, o segundo compromisso é: "Não leve nada para o lado pessoal", de Don Miguel Ruiz em Os quatro compromissos (Rio de Janeiro: BestSeller, 2021).

De acordo com o psicólogo Carl Rogers, cuidadores ou pais nos ensinam condições de merecimento, de John A. Johnson em "Agreeing with the Four Agreements", em psychologytoday.com (29 de dezembro de 2010), acesso em abril de 2020.

O conceito de padrões repetitivos de limites foi inspirado na teoria de compulsão à repetição, de Kristi A. DeName em "Repetition Compulsion:

Why Do We Repeat the Past?" em psychcentral.com/blog (8 de julho de 2018), acesso em abril de 2020.

Capítulo 6: Os 3Rs – Reconhecer-Repelir-Responder

Nossas conexões neurais, estimadas na ordem de 100 trilhões, são formadas e podem ser alteradas todos os dias, de Melinda T. Owens e Kimberly D. Tanner em "Teaching as Brain Changing: Exploring Connections between Neuroscience and Innovative Teaching", *CBE Life Sciences Education* (verão de 2017), em lifescied.org, acesso em 14 de março de 2020.

Capítulo 7: Saem os limites reativos, entram os limites proativos

Ela não é parte do processo, é o processo em si, de Davidji em "Change Is Breath Meditation Metta Moment", em davidji.com (5 de novembro de 2019), acesso em abril de 2020.

Quando Gus sabotava os esforços de Maria depois de concordar em apoiá-la, realizava uma clássica manobra de contra-ataque, de Harriet Lerner em "Coping With Countermoves" em psychologytoday.com (20 de dezembro de 2010), acesso em abril de 2020.

Os passos abaixo baseiam-se nas quatro partes do Processo de Comunicação Não Violenta desenvolvido por Marshall B. Rosenberg, Ph.D., de Marshall B. Rosenberg em *Comunicação não violenta* (São Paulo: Ágora, 2021).

Os mesmos circuitos cerebrais responsáveis por esse fenômeno também nos ajudam a manter nosso senso de identidade e entender com mais precisão o que os outros estão pensando, de David Rock em "New Study Shows Humans Are on Autopilot Nearly Half the Time", em psychologytoday.com (14 de novembro de 2010), acesso em março de 2020.

Capítulo 8: A coisa está ficando séria

Como você pode imaginar, essas experiências infantis dolorosas criam raízes e nos mantêm no modo de sobrevivência, de Susan Peabody em "Toxic Guilt", em thefix.com (27 de abril de 2018), acesso em abril de 2020.

Como a especialista em medicina energética (...) Lara Riggio gosta de dizer, "aborrecimento é oportunidade", de Lara Riggio em "How to Tap Out Negative Thoughts, and Focus Your Energy on What You Want Instead", em larariggio.com, acesso em abril de 2020.

A cientista social Brené Brown (...) diz que três coisas mantêm a vergonha no comando da sua vida, de Brené Brown em "Escutando a vergonha", uma TED Talk filmada em março de 2012, em ted.com, acesso em abril de 2020.

Adoro a justaposição que a psicóloga Kristin Neff, cofundadora do Centro para a Autocompaixão Consciente, faz: "Diferente da autocrítica, que pergunta se você é boa o suficiente, a autocompaixão pergunta 'O que é bom para você?'", de Madhuleena Roy Chowdhury em "Kristin Neff and Her Work on Self-Compassion," em positivepsychology.com (25 de outubro de 2019), acesso em abril de 2020.

Capítulo 9: Destruidores de Limites

Se não for possível ir embora ou cortar o contato, o método Gray Rock (Pedra Cinza), que consiste em ficar apática e sem reação, transformará você em um alvo menos interessante, de Darlene Lancer em "The Price and Payoff of a Gray Rock Strategy", em psychologytoday.com (4 de novembro de 2019), acesso em abril de 2020.

Lindsey Ellison (...) aconselha tratar a comunicação com um narcisista como uma transação de negócios, de Lindsey Ellison em *Magic Words: How to Get What You Want from a Narcissist* (Toronto, Ont.: Hasmark Publishing, 2018).

Capítulo 10: Limites no mundo real (Cenários e roteiros)

Uma das minhas fórmulas favoritas para expressar uma infração de limites em uma situação com emoções à flor da pele é o Processo de Comunicação

Não Violenta em quatro etapas, de Marshall B. Rosenberg, "The 4-Part Nonviolent Communication Process" (PDF), em nonviolentcommunication.com, acesso em 18 de abril de 2020.

A especialista em dinâmicas de poder Kasia Urbaniak (...) ensina a suas alunas uma estratégia chamada "virar o holofote" para quebrar o gelo e virar o jogo em qualquer situação desconfortável, de kasiaurbaniak.com, acesso em 18 de abril de 2020.

Capítulo 11: Você, Dona dos seus Limites

Como diz o psicólogo organizacional Adam Grant: "Não precisamos nos prender a um único eu autêntico", de Adam Grant em "Authenticity Is a Double-Edged Sword", em ted.com/podcasts/worklife, acesso em 10 de abril de 2020.

CONHEÇA ALGUNS DESTAQUES DE NOSSO CATÁLOGO

- Augusto Cury: Você é insubstituível (2,8 milhões de livros vendidos), Nunca desista de seus sonhos (2,7 milhões de livros vendidos) e O médico da emoção
- Dale Carnegie: Como fazer amigos e influenciar pessoas (16 milhões de livros vendidos) e Como evitar preocupações e começar a viver
- Brené Brown: A coragem de ser imperfeito – Como aceitar a própria vulnerabilidade e vencer a vergonha (600 mil livros vendidos)
- T. Harv Eker: Os segredos da mente milionária (2 milhões de livros vendidos)
- Gustavo Cerbasi: Casais inteligentes enriquecem juntos (1,2 milhão de livros vendidos) e Como organizar sua vida financeira
- Greg McKeown: Essencialismo – A disciplinada busca por menos (400 mil livros vendidos) e Sem esforço – Torne mais fácil o que é mais importante
- Haemin Sunim: As coisas que você só vê quando desacelera (450 mil livros vendidos) e Amor pelas coisas imperfeitas
- Ana Claudia Quintana Arantes: A morte é um dia que vale a pena viver (400 mil livros vendidos) e Pra vida toda valer a pena viver
- Ichiro Kishimi e Fumitake Koga: A coragem de não agradar – Como se libertar da opinião dos outros (200 mil livros vendidos)
- Simon Sinek: Comece pelo porquê (200 mil livros vendidos) e O jogo infinito
- Robert B. Cialdini: As armas da persuasão (350 mil livros vendidos)
- Eckhart Tolle: O poder do agora (1,2 milhão de livros vendidos)
- Edith Eva Eger: A bailarina de Auschwitz (600 mil livros vendidos)
- Cristina Núñez Pereira e Rafael R. Valcárcel: Emocionário – Um guia lúdico para lidar com as emoções (800 mil livros vendidos)
- Nizan Guanaes e Arthur Guerra: Você aguenta ser feliz? – Como cuidar da saúde mental e física para ter qualidade de vida
- Suhas Kshirsagar: Mude seus horários, mude sua vida – Como usar o relógio biológico para perder peso, reduzir o estresse e ter mais saúde e energia

Para saber mais sobre os títulos e autores da Editora Sextante,
visite o nosso site e siga as nossas redes sociais.
Além de informações sobre os próximos lançamentos,
você terá acesso a conteúdos exclusivos
e poderá participar de promoções e sorteios.

sextante.com.br